Inhaltsverzeichnis

Vorwort
Was ich zu sagen hätte dauert eine Zigarette 3

Symbole und Abkürzungen
Erkenne die Zeichen der Zeit...............................6

Reisevorbereitung
Das gute alte „Ich packe meinen Koffer- Spiel" 7

- Ausrüstung und Anschaffungsmaterialien..7
- Konditionelle Anforderungen....................12
- Anreise/Abreise..13
- Kosten.............. 15
- Reisezeit......... 5

AF161394

Nutzerhinweise
Oder die Frage, wie das alles funzen soll............16

- Aufbau des Führers..................................16
- Unterkunft (Pilgerherbergen / Zeltplätze)..16
- Wegmarkierungen.....................................17
- Feiertage..18
- Pilgerausweis..19
- Ernährung...19
- Sprache..21
- Wechselkurs, Telefon und Internet............21

Übersichtskarte und Kartenlegende
Diese Tour sieht ja süß aus - denkste Puppe!..........22

Etappenüberblick
Verdammte Axt, da liegt
ja ne Mordsstrecke vor uns..........23

Etappen 1-23..........24

Städtekarten
Aosta, Vercelli, Ivrea, Pavia..........82

Freiheitssongs
Es muss nicht immer Westernhagen sein..........84

Pilgerrezepte
Was uns vor dem Verhungern bewahrte..........85

Danksagung
Grazie Mille..........88

Vorwort

Wir, die Freigeister Johannes Gebauer (26) und David Wagner (27) haben uns auf den Weg gemacht, um dem ganz normalen Wahnsinn des Alltags zu entkommen.
Es ist ein Selbstversuch, mit wenig Geld die Faszination der Natur zu leben.
Als Cousins mit der gleichen Lebenseinstellung auf der Suche nach Freiheit und innerer Zufriedenheit entschlossen wir uns, einen Wanderführer zu schreiben.

Der Via Francigena Band 1 ist der erste von drei Wanderführern des Pilgerweges, der dich begleitet.
Wir hoffen, dass dieser kompakte kleine Guide dich dazu beflügelt, diesen Weg zu gehen und ähnliches zu spüren.
Wir wollen dir Mut machen, denn wir selbst hatten vor der Tour große Bedenken.
Ich hing vorher seid einiger Zeit in den Seilen, Depressionen inklusive und suchte immer wieder nach Sinn und den Freuden des Lebens. Zu allem Überfluss gesellten sich auch Angstzustände dazu, die mich oft in meinen vier Wänden festhielten.
Vielleicht kennst auch du solche Panikattacken, die dich daran hindern, in die freie Welt zu gehen. Es fehlte mir bisher jegliches Selbstbewusstsein, mein Leben anzupacken und die Genießerseite zu entdecken.
Hannes, meinem Kompagnon, erging es fast ähnlich. Dabei hatte uns der Alltag bisher wortwörtlich krank gemacht.
Meine zermürbende Suche nach einer journalistischen Ausbildung und die zahlreichen Absagen, mit denen ich meine Wohnung tapezieren könnte, frustrierten mich ständig.

Die ewige Frage nach dem Warum und wozu habe ich eigentlich studiert, wenn mich dann doch keiner zu anständigen Bedingungen einstellen will.
Wir leben in einer Welt, wo man wirklich alles kaufen kann, nur das Glück steht in keinem Schaufenster.
Jede Phase unseres Körpers sträubte sich gegen die 40 Stunden Woche, um 6:00 aufzustehen und einfach nur zu funktionieren.
Wie alle. 24 Tage Urlaub im Jahr? Zu wenig. Irgendeinen Job, der uns keinen Spaß sondern krank macht für einen Hungerlohn? Niemals.

Nach jahrelangen Gesprächen, mit Menschen die mir wertvoll sind, erkannte ich, dass ich mich nur selbst aus der Grütze ziehen kann.
Mein Selbstmitleid kotzte mich allmählich selber an und so überlegte ich mit Hannes, was man tun kann. Bei einer Kanumännertour in der mecklenburgischen Seenplatte kam uns bei Bier, Zigarre und Gitarre eine glänzende Idee.
Wie wäre es, wenn wir einen Pilgerpfad ablaufen und den dann beschreiben. Lange Rede, kurzer Sinn, wir entschieden uns für den Handelspfad des Mittelalters, den Via Francigena, oder erklärend den Pfad, den man zwischen England und Rom mit Pferdewagen oder zu Fuß hinter sich lassen musste, um zum Papst zu gelangen.

Für mich war das Projekt Wanderführer und die Tour zuerst eine große Überwindung.
Am Tag der Abreise hatte ich sogar einen Nervenzusammenbruch. Aber der Wille war groß, denn ich wollte alles versuchen, um aus den Depressionen rauszukommen. Die begleiteten mich in den Bergen auch noch einige Tage.

Doch ich spürte deutlich, wie es mir von Tag zu Tag besser ging.
Dank Hannes, der an mir große Überzeugungsarbeit geleistet, und mir jeden Tag als Freund zur Seite stand, gelang es mir mehr und mehr an mich zu glauben.
Mit 15 kg auf dem Rücken über Bergpässe bis 2500 m zu wandern, ist schon kein Pappenstiel. Hier gehst du an deine Grenzen, kann ich dir sagen und genau da habe ich irgendwie mein eigenes „Ich" wieder gefunden.
Wenn wir nach einer Tagesetappe schweißgebadet, die Füße schmerzend, von uns selbst sagen konnten, wir haben uns überwunden, wir haben gekämpft und nicht nachgegeben, ergab dass in uns ein Hochgefühl, wie wir es schon lange nicht mehr hatten.
Der Via Francigena beginnt in der heutigen Zeit gerade aus den Kinderschuhen herauszuwachsen, was zur Folge hat, dass man wenig Gleichgesinnte trifft aber dafür seine Ruhe hat. Die Natur wird Euch gefallen.
Ihr durchwandert schroffe Täler, steigt über den St. Bernhard-Pass und genießt das mediterrane Flair südlich des Alpenhauptkammes.
Wollt ihr mehr über uns und unser Produkt erfahren, dann geht auf Facebook und findet dort den Freigeist Wanderführer.

Pausenstopp bei der Rücktour
in der Mitfahrgelegenheit

Symbole und Abkürzungen

Campingplatz	⛺	CHF – Schweizer Franken
Herberge		
		EZ - Einzelzimmer
Wasserstelle	🚰	
		DZ - Doppelzimmer
Post		
		MBZ- Mehrbettzimmer
Bank	€	
		F - Frühstück
Internet	@	
		Ü - Übernachtung
Apotheke		
Bus		
Bahn		
Restaurant		
Cafe/Bar		
Kaufhalle		

Reisevorbereitung

Was solltet Ihr mitnehmen

- Pilgerausweis
- Trekkingschuhe + Pflegemittel
- Leichtes, bequemes 2. Paar Schuhe
- Bequemer und gut gepolsterter Ruckack, mindestens 50 Liter
- Schlafsack
- Kopflampe oder Taschenlampe
- Wanderstöcke empfehlenswert, um die Gelenke zu schonen
- Wandersocken (nahtlos)
- Schweizer Taschenmesser
- Leichte Iso- oder Biwakmatte
- Sonnenbrille, Sonnencreme
- Kopfbedeckung

- ○ Regencape oder Regenjacke (zum knüllen, dünn und leicht)

Apotheke

- ○ Persönliche Medikamente
- ○ Magnesiumtabletten (gegen Krämpfe)
- ○ Kohletabletten (bei Flitzekacke)
- ○ Blasenpflaster (bloß nicht sparen) Insektenmittel
- ○ Fußsalbe (reicht auch Fett oder Öl, zur Vorbeugung von Blasen!)
- ○ Elastischer Knieschutz
- ○ Verbandspäckchen

Kleidung (Empfehlung)

- ○ 2x T-Shirts
- ○ 2-3x Wandersocken
- ○ 2-3x Boxer Shorts

- ○ 1x warmer Pullover
- ○ 1x Trekkinghose (trocknet schnell)
- ○ 1x kurze Hose (oder Badehose)
- ○ 1x leichte Windjacke/Regenjacke
- ○ Mittleres Handtuch (platzsparend)
- ○ Waschzeug: Duschgel, Zahnbürste, logisch oder?
- ○ Klopapier (sicher ist sicher)
- ○ Evtl. Handschuhe und Wollmütze (Alpenpassüberquerung)

Sonstiges

- ○ Umhängebörse
- ○ Papiere: Personalausweis bzw. Reisepass (am besten noch eine Kopie machen)
- ○ Tickets (An- und Abreise)

- ○ Krankenversicherungskarte, EC- oder Kreditkarte

- ○ Fotoapparat + Ladegerät

- ○ Reservebrille (für Brillenträger)

- ○ Evtl. Handy + Ladegerät
(wenn man richtig abschalten will, raten wir davon ab!)

- ○ Reisewaschmittel für die Kleidung

- ○ Wäscheleine

- ○ Kleiner Sprachführer für Italien

- ○ Ohropax (ratsam gegen schnarchende Pilgerfreunde in den Herbergen)

Kann, muss aber nicht (außer für Camping -und Wildnisfreunde

- ○ Gaskocher (Gaskartuschen vor Ort kaufen)

- Campinggeschirr: Töpfe, Besteck, Schwamm, Geschirrhandtuch

- leichtes Zelt (in der Schweiz sind die Unterkünfte ziemlich teuer!)

<u>Tipps für Anschaffungsmaterialien</u>

Was braucht ihr wirklich auf der Tour? Man kann ein Zelt mitnehmen, das dann aber leicht sein muss (Ein-Mann-Zelt max. 2 kg Gewicht). Man glaubt es anfangs nicht, aber jede Kleinigkeit die man mitnimmt, bereut man später. Ein optimales Rucksackgewicht liegt zwischen 8-12 kg. Wenn man wenig Budget für die Wanderung hat (wie wir!), ist auch ein Gaskocher ratsam. Den bekommt man schon ab 20 €.
Die Tage in der Schweiz und im Aostatal waren doch kostspieliger, als wir vorher dachten.

Spare nicht an der Qualität deines Schuhwerks. Deine Füße werden es dir danken.
Sonst wird dein abenteuerlicher Trip zum Horror-Trip.
Gleiches gilt natürlich auch für deinen bequemen Rucksack, damit Deine Schultern nicht anschwellen.
Das können wir aus mehreren „guten" Erfahrungen berichten.

Konditionelle Anforderungen

Für diese Strecke ist zumindest schon mal eine grundlegende Freude am Wandern in der Natur vorauszusetzen. Der Ehrgeiz, diese Tour ausschließlich zu Fuß zu bewältigen, erfordert natürlich auch Durchhaltevermögen.
Die hier im ersten Band beschriebene Tour ist 400 km lang. Es ist keine Seltenheit, dass man psychisch und physisch an Grenzen geht.
Man kommt oft an Punkte, wo man verzweifelt. Wenn du jedoch diese Hürde überwindest, entwickeln sich bei dir enorm positive Kräfte.

Bei den körperlichen Fitnessvoraussetzungen gibt es eigentlich keine Grenzen. Ob Raucher oder leicht übergewichtig, ob alt oder jung....es ist zu schaffen! Natürlich musst du auf deinen Körper hören, wie weit du gehen kannst. Den eigenen Gehrhythmus zu finden ist entscheidend, aber den erlangt man nach paar Tagen. Du glaubst nicht, was alles in dir stecken kann! Glaube an dich und du wirst wahrhaftige Glücksmomente haben. Tschaka!

Anreise/Abreise

Flug:
Billigflieger von Berlin – Schönefeld nach Genf (Schweiz)
Ab 18,- € + Gebühren, abhängig von den Saisonmonaten.
Von Genf /Flughafen nach Lausanne dann mit dem Zug, für die kleine Strecke (60 km Entfernung) bezahlt man nochmal ca. 20,- €.
Folgende Deutsche Flughäfen fliegen ebenfalls Genf an: Düsseldorf, München, Hamburg, Frankfurt.

Rückflug wäre dann von Mailand/Flughafen Malpensa (Vorsicht: Es gibt 2 Flughäfen in Mailand), ebenfalls sehr günstig mit Billigflieger ab 18,- € + Gebühren.
Das Stück von Pavia nach Mailand (ca. 40km Entfernung) erreicht man mit dem
Bus oder Zug vor Ort (ca. 10€).

Bus:
Mit dem Fernbus nach Lausanne wird es aus Deutschland schwierig, obwohl man vereinzelt einige Busunternehmen findet.
Zum Beispiel gibt es da Berlin-Lausanne schon ab 84 €.
Nachteil ist die lange Fahrt.

Für die Rücktour gibt es aus Pavia keine direkten Busverbindungen nach Deutschland.
Von Mailand kann man mit Bussen zu verschiedenen Orten Deutschlands fahren:
Frankfurt(Main), Freiburg, Karlsruhe, Offenburg, Saarbrücken, Saarlouis und Stuttgart.

<u>Zug</u>:
Mit der Bahn gibt es viele Direktfahrten nach Lausanne, die allerdings teuer sind. Wenn man aufpasst und früh bucht (mind. 1 Monat vorher) bezahlt man für ein Europa- Spezial Ticket nicht viel Geld. Das gleiche gilt auch für die Rücktour von Mailand aus.

<u>Auto</u>: Es gibt natürlich auch die Mitfahrgelegenheit, da gibt es immer Leute die dich betrieblich oder aus privaten Gründen direkt zum Zielpunkt bringen. Entweder von Deutschland nach Lausanne, oder von Mailand zurück ins Heimatland.

Kosten

Die Ausgaben sind sicherlich von Person zu Person unterschiedlich.
Wir können nur aus unseren eigenen Erfahrungen sagen mit wie viel Schotter man circa rechnen muss.
Besonders teuer war die Schweiz, obwohl wir möglichst günstig unser Nomadenleben führten. In den Restaurants und Bars bezahlt man dann mal für ein Bier 8 und für eine Pizza 18 Franken.
Für Pilger haben die Schweizer leider noch nicht viel in ihrem Land gemacht, außer bei den Wegmarkierungen. Man ist hier auch wirklich absolut ein Exot für die Einheimischen.
In Italien sind die Preise regional verschieden. Besonders das gesamte Aostatal ist ziemlich teuer, auch die Preise in den Supermärkten. Wenn man aus diesem Gebiet erst mal raus ist, kommt das typisch italienische Ambiente zur Geltung.
Ab da an freut sich der Geldbeutel wieder und man kann sich auch mit Köstlichkeiten eindecken.
Für die ganze Tour, ohne An– und Abreise, hat jeder von uns ca. 650-700 € bezahlt.
Durch die Recherche haben wir natürlich ein bisschen länger gebraucht und dadurch wurde es für uns logischerweise teurer, aber das haben wir hier schon abgerechnet.

Reisezeit

Die beste Wanderzeit ist April/Mai und dann wieder September bzw. Oktober. Dazwischen kann man, wenn man Pech hat, immer wieder in Extreme geraten. Entweder leidet man unter der krassen Hitze oder der Kälte.

Nutzerhinweise

Die Symbole bei dem Unterpunkt Infrastruktur geben die vorhandene Infrastruktur der Orte, die man durchquert sowie am Zielort an.

Das Symbol Wasserstelle haben wir nur verwendet, wenn es ausdrücklich trinkbares Wasser gab. Mehr dazu unter dem Punkt Ernährung.

Unsere Wegbeschreibungen sind nicht allzu ausführlich. Wir wollen dich nicht mit Floskeln wie „nach 200 Metern rechts…" langweilen. Wir haben uns vielmehr auf die Wegmarkierungen berufen und lediglich den Weg beschrieben, wenn keine Wegmarkierung zu finden, oder diese widersprüchlich waren.

Pilgerherbergen/Zeltplätze

Hier sind auch krasse Unterschiede zu finden. In der Schweiz schwanken die Preise bei den Herbergen zwischen 25 und 50 CHF pro Person, was im Verhältnis zum Spanischen Jakobsweg doch sehr teuer ist. Selbst die Zeltplätze sind nicht billig. Hier bezahlt man, ob mit oder ohne Zelt, circa 6 CHF bis 18 CHF für einen freien Platz auf dem Boden. Mal gibt es dort eine Dusche, mal nicht. In Italien sind die Pilgerunterkünfte schon wesentlich besser, weil man dort in kirchlichen Gemeinden sehr günstig übernachten kann. Hier gibt man eine Spende oder man bezahlt max. 10 €. Manchmal klappt es aber auch dort nicht! Dann gibt es noch die preiswerten Hotels bzw. Pensionen. Diese Wirte sind meist auf Pilger vorbereitet, daher gibt es oft Rabatte.

Wegmarkierungen

Die Strecke von Lausanne bis Pavia ist bis auf kleine Ausnahmen, die wir dann aber im Buch vermerkt haben, sehr gut markiert.
In der Schweiz gibt es die Nummer 70 oder logische Wegweiser zum Orientieren.
Auf der Alpenpassüberquerung sind Markierungen (gelber Pfeil oder rot-weiße Flagge) an den Steinen, am Boden, oder Schilder mit den gewünschten Zielorten zu finden. Dort ist auch schon der „dicke Pilger" als Symbol zu erkennen.
In Italien kommen dann mehrere Zeichen zu Erkennung des Via Francigena. Entweder ist es der Pilger, mal ist es ein normales Via Francigena - Schild, oder ein dickes F, oder auch die gelben Pfeile mit der Nummer 103!!!
Wenn du doch mal ein irritierendes Gefühl hast, kannst du auch den logischen Menschenverstand nutzen oder Fragen, ohne gleich Panik zu bekommen...so schwer ist der Weg zum Glück nicht.

Feiertage

Feiertage können deine Wandererlebnisse eventuell beeinträchtigen (Öffnungszeiten).

Schweiz

24 u. 25. Dezember - Weihnachten
31. Dezember - Silvester
1. Januar - Neujahr
1. August - (Bundesfeier)
2. Januar - Lausanne bis Bex (Bechtholdstag), Ostermontag, Christi Himmelfahrt (10 Tage vor Pfingsten) und Pfingstmontag Bettagsmontag: Montag nach Dank-, Buß- und Bettag (3. Sonntag im September)
St. Maurice bis zum St. Bernhard – Pass: Joseftag am 19. März, Karfreitag, Auffahrt, Fronleichnam (Donnerstag 10 Tage nach Pfingsten), Maria Himmelfahrt (15. August), Allerheiligen (1. November), Maria Empfängnis (8. Dezember)

Italien

Dreikönigstag (6. Januar), Ostermontag, Tag der Befreiung Italiens (25. April), Tag der Arbeit (1. Mai), Tag der Republik (2. Juni), Mariä Himmelfahrt (15. August), Allerheiligen (1. November), Mariä Empfängnis (8. Dezember), 1. und 2. Weihnachtstag

Pilgerausweis

Den Pilgerausweis kann man sich an mehreren Stellen in Deutschland bestellen.
Einfach danach googeln, bestellen und 5 € + 1,45 € Porto bezahlen (wir haben ihn bei den Jakobusfreunden in Paderborn bestellt).

Mit diesem Ausweis bekommt man auf diesem Weg vereinzelt gute Unterkünfte und bezahlt weniger. Gerade bei den kirchlichen Gemeinden ist es ein großer Vorteil.
Wie auf dem Jakobsweg sammelt man auf dem Ausweis die Stempel, um am Zielpunkt Rom seine verdiente Urkunde zu bekommen. Es ist natürlich auch für später eine schöne Erinnerung an diese Tour.

Ernährung

Schweiz
Wenn man die Möglichkeit hat (abhängig der Saisonmonaten), kann man sich teilweise vom Weg ernähren.
Hier findet man viele Früchte, wie z.B. Feigen, Kiwis, Äpfel, Pfirsiche u.v.m.
Denn selbst in den Supermärkten ist allein schon Brot, Wurst und Käse (im Verhältnis zu Deutschland) ziemlich teuer.
Zum verdienten Abendessen ist dann aber doch eine feste und warme Mahlzeit ratsam.
Der Körper steht schließlich jeden Tag in einer hohen Belastung, daher sollte man auch gut essen und nicht hungern. :-)

Bei den Trinkquellen gibt es ab und zu mal beschriebene Stellen, die kann man aber an einer Hand abzählen. Wir raten dir dringend: Spare bitte nicht an Wasser, dann lieber doch öfters im Supermarkt einkehren. Ausreichend trinken ist das non plus ultra!!!

Italien
Wenn du wie vorher erwähnt aus dem Aostatal raus bist, kann man sich ein wenig in diesem Land verwöhnen lassen. Hier sind dann auch die Restaurant - oder Barpreise bezahlbar. Die Trattorias unterscheiden sich preislich sehr stark. Man ist leider meist gezwungen ein Menü dort zu bestellen, sonst wird man nicht wirklich satt. Dort gibt es hauptsächlich heimische Küche, was man schon mal probieren kann. Echt lecker! Oder man isst zusammen mit guten Pilgerfreunden in einer Herberge. Im Supermarkt kann man sich dort auch gut eindecken. Die Trinkquellen sind hier die einheimischen Dorfbrunnen. In den Dörfern Italiens hat man unzählige Möglichkeiten da trinken zu können. Wichtig! Am besten die Flaschen da auffüllen wo das Wasser in Bewegung ist; sprich am Hahn. Bei Brunnen mit starker Algenbelastung lieber die Finger davon lassen. Natürlich kann man nie zu 100% sagen, dass es sauber ist! Wir hatten aber absolut keine Magenprobleme. Es gibt nämlich so gut wie keine kontrollierte Trinkwasserstelle
(Eau potable Aqua – trinkbar!) bis Pavia.
Noch eine kleine Randbemerkung; In beiden Ländern ist der Tabak ziemlich teuer. Lieber paar Reserven mitnehmen...;-)

Sprache

Wichtig zu wissen; In dem Teilabschnitt der Schweiz wird Französisch gesprochen, und zwar ausschließlich Französisch! Selbst mit Englisch kommt man nur stückweise voran.
In Italien gibt es ebenso kleine Probleme mit der englischen Verständigung, und trotzdem funktioniert es immer. Mit Mimik und Gestik geht in der Welt eben alles, wenn man will!

Wechselkurs, Telefon und Internet

<u>Wechselkurs 2013</u>: in der Schweiz (CHF – Schweizer Franken):
 1 CHF – 0,83 € / 1€ - 1,24 CHF

In Italien gibt es weiterhin den Euro.

<u>Telefon</u>:
Internationale Telefonvorwahl
 für die Schweiz – 00 41
 für Italien – 00 39

<u>Internet</u>: In den größeren Orten wie z.B. Vercelli gibt es meistens einen Internet Point (im Buch markiert). Es gibt auch viele Bereiche mit WLAN- Empfang.

Übersichtskarte

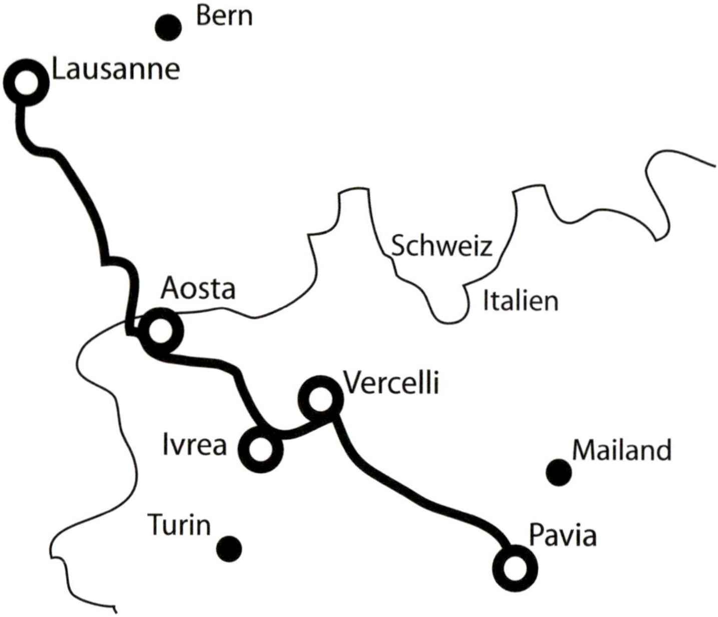

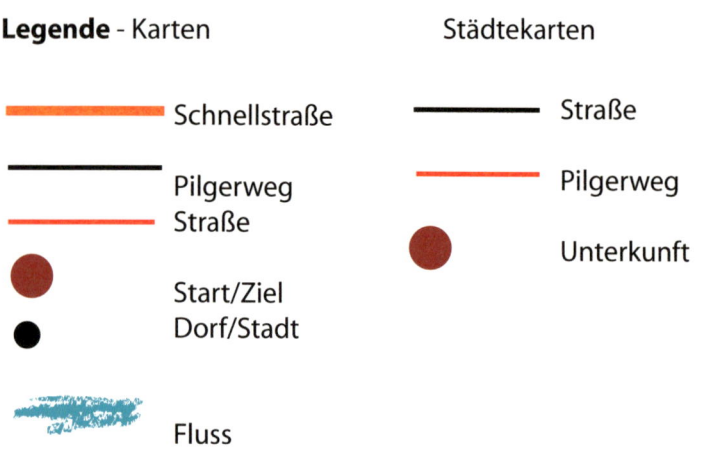

Kartenlegende

Legende - Karten

——— Schnellstraße

——— Pilgerweg
——— Straße

● Start/Ziel
● Dorf/Stadt

~~~ Fluss

Städtekarten

——— Straße

——— Pilgerweg

● Unterkunft

Etappenüberblick

Etappe

1. Lausanne – Vevey (24,6 km)
2. Vevey – Territet (10,2 km)
3. Territet – Aigle (17 km)
4. Aigle - St. Maurice (17 km)
5. St. Maurice – Vernayaz (17 km)
6. Vernayaz – Sembrancher (17 km)
7. Sembrancher – Bourg-Saint-Pierre (22,3 km)
8. Bourg-Saint-Pierre – Gr. St. Bernhard(15 km)
9. Gr. St. Bernhard – Echevennoz (14 km)
10. Echevenozz – Aosta (17 km)
11. Aosta – Nus (16 km)
12. Nus – Chatillon (17 km)
13. Chatillon – Verres (23 km)
14. Verres – Donnas (15 km)
15. Donnas – Ivrea (29,5 km)
16. Ivrea – Piverone (12,4 km)
17. Piverone – Santhia (20,5 km)
18. Santhia – San Germano Vercellese (9 km)
19. San Germano Vercellese – Vercelli (16 km)
20. Vercelli – Robbio (16 km zum Stadtkern)
21. Robbio – Mortara (14,8 km)
22. Mortara (St. Albino) – Gropello Cairoli (27 km)
23. Gropello Cairoli – Pavia (13 km)

GESAMTSTRECKE: 400 km

1. Etappe
Lausanne - Vevey (24,6 km)

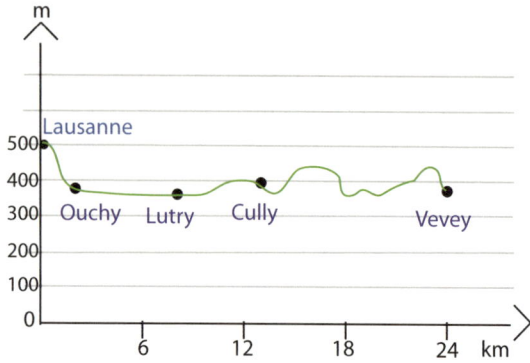

Der Weg beginnt hier in Lausanne, aber keine Sorge, es sind ja nur noch gut 400 KM. :)
Vom Bahnhof geht es bergab, vorbei an einer ersten Wasserstelle an den Hafen am Genfer See (Lausanne-Ouchy).
Dort beginnen dann auch die Wegmarkierungen. Der kursiven 70 folgt man dann, indem man vom Hafen aus links entlang wandert. Es ist schon verlockend, erstmal ins Wasser zu springen. Aber die für den Anfang harte Tour erlaubte uns keine großen Pausen, weil wir durch ein Nickerchen nach der Ankunft im Olympiapark auch erst um 10:00 Uhr starteten. Und es wird noch genug Möglichkeiten geben, keine Sorge!
In Cully kann man die erste Tour natürlich schon beenden, wenn man wie wir noch groggi von der Zugfahrt ist, denn dort ist ein Zeltplatz (La Pichette, Chemin de la Paix 37).
Dann geht's weiter durch die Weinberge, die wir aufgrund der Hitze bald verfluchten.
Man folgt dann straight der 70, die unserem in dem Moment gefühltem Alter entsprach, bis nach Vevey zur Herberge Riviera Lodge, indem man zum Marktplatz

geht und dann rechts nahe dem Genfer See die Herberge findet.

Infrastruktur

Lausanne

Cully

Vevey

Unterkunft in Vevey

Riviera Lodge
Am Place du Marche (Marktplatz), (Tel: 021/9238040)
-     Rezeption: 8-12 Uhr / 16-20 Uhr
-     Check out: 8-10 Uhr
-     Code an Tür
-     Kochmöglichkeiten (Küche, Herd u. Besteck)
-     TV, Duschen und WC Top
-     Gemeinschaftsraum zum Essen
-     Preis: EZ:80-110; DZ: 46-60; MBZ 30-39 CHF

Gefühlswelt

Erst völlig fertig, physisch und psychisch. Die strapaziöse Zugfahrt ohne zu schlafen saß uns natürlich in den Knochen. Aber mit dem was wir geschafft hatten, waren wir zufrieden und gingen abends ungetrübt ins Bett.

Erkenntnis des Tages

Am ersten Tag sollte man weniger als 24 km gehen.

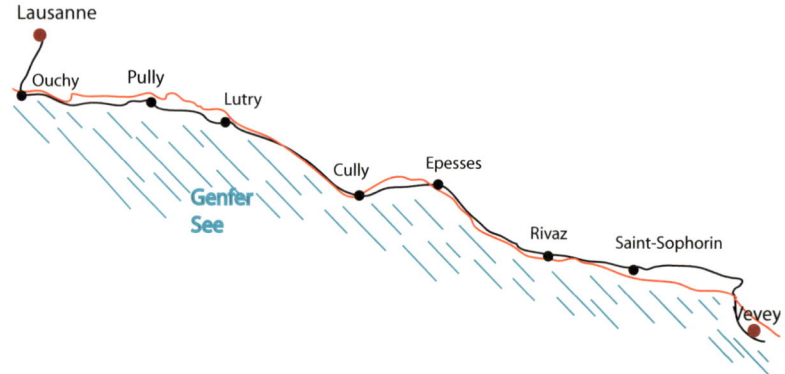

Im Traum schon am Posen auf dem St. Bernhard

2. Etappe
Vevey – Territet (10,2 km)

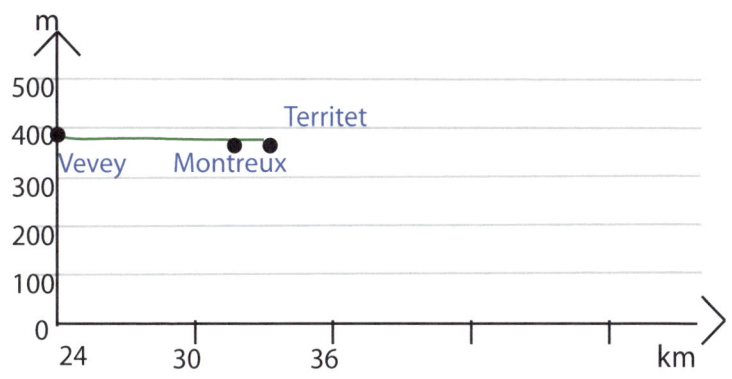

Nun lassen wir es mal ruhig angehen. Man kommt an einigen Badestellen vorbei, wo die Bonzen ihre Prachtkörper präsentieren. Da kann man ruhig auch mal ins Wasser springen.
Bei den vielen hübschen Frauen verliert man allerdings den Blick auf das Detail.
 Der Weg führt weiterhin entlang des Genfer Sees, da kann man sich kaum verlaufen. Feigenbäume und Palmen zeigen, dass man hier schon in einer für uns sehr milden Klimaregion ist.

Infrastruktur

Montreux

Territet

Unterkunft in Territet

Auberge de la Jeunesse,
Passage de l' Auberge 8, (Tel: 021/9634934)
- Rezeption: 7:30-10/17-22:00 Uhr
- Waschmöglichkeiten, MBZ, TV, WLAN u. PC, Frühstück und Abendessen (Aufpreis), Essenraum, spricht Englisch und bissl Deutsch!
- Preis: ÜF im DZ 48-54 CHF, MBZ 34-44 CHF

Gefühlswelt

Körperlich waren wir kaum ausgepowert. Aber wir freuten uns über unser Exotendasein und aßen mit Gaskocher an der Promenade mit See- und Alpenblick genüsslich Abendbrot und inhalierten Glücksgefühle. Wir empfingen ängstliche und neugierige Blicke und wurden sogar fotografiert. Wir passten hier einfach nicht ins Bild.

Erkenntnis des Tages

Die Schweiz ist teuer, besonders das Bier (8 Franken).

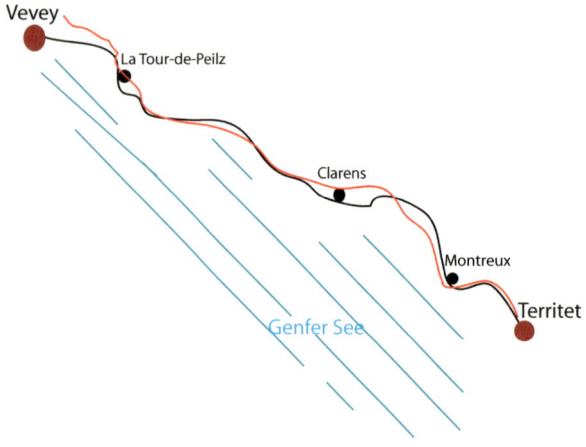

3. Etappe:
Territet – Aigle (17 km)

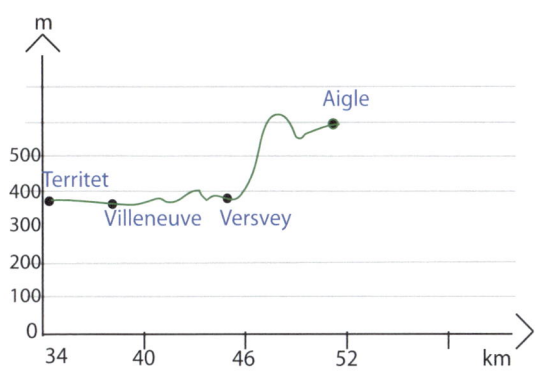

Mit dem Genfer See ist es nun vorbei. Reicht aber auch, denn man hat schnell genug von der Castingshow der Touristen und Einheimischen mit ihren teuren Autos.
Und wir versprechen, es wird noch sehr idyllisch.
Nachdem man Villeneuve passiert hat, darf man sich allerdings auf dem Acker am Fluss nicht beirren lassen. Das Schild steht quer, man muss über die Brücke gehen und auf der rechten Seite des Flusses
entlang gehen. Genauso sieht es in Roche
aus, denn dort muss man nach dem zweiten Cafe rechts gehen, ein Schild fehlt hier gänzlich.
Auf dieser Tour fällt einem die Pflanzenvielfalt auf.
Fenchel, Wein, Paprika, Kiwis, Tomaten, Trauben, Mais.

Infrastruktur

Aigle

Unterkunft in Aigle

Camping de la Piscine,
Avenue des Glariers 1, (Tel: 024/4662660)
- Dusche + WC Top (keine Duschmarken), Freizeitbad nebenan
- Nach herunterhandeln 9 CHF pro Person ohne Zelt, Pavillon hätte 60 CHF gekostet

Gefühlswelt

Als wir dann abends mit Blick auf die Alpen an einem Tisch saßen und unser erstes Kaufhallenbier aus der Dose tranken kamen bei uns schon erste Freudentränen.
So langsam kamen wir an und empfanden die Leichtigkeit des Seins. Dass wir kein Zelt hatten, störte uns nicht, denn nachts waren es noch immer angenehme 25 Grad.

Erkenntnis des Tages

Man pennt im Freien auch ohne Zelt gut.

Auf Zeltplatz in Aigle

Zeltplatz in Sembrancher

Territet

Genfer See

Villeneuve

Roche

Versvey

Yvorne

Aigle

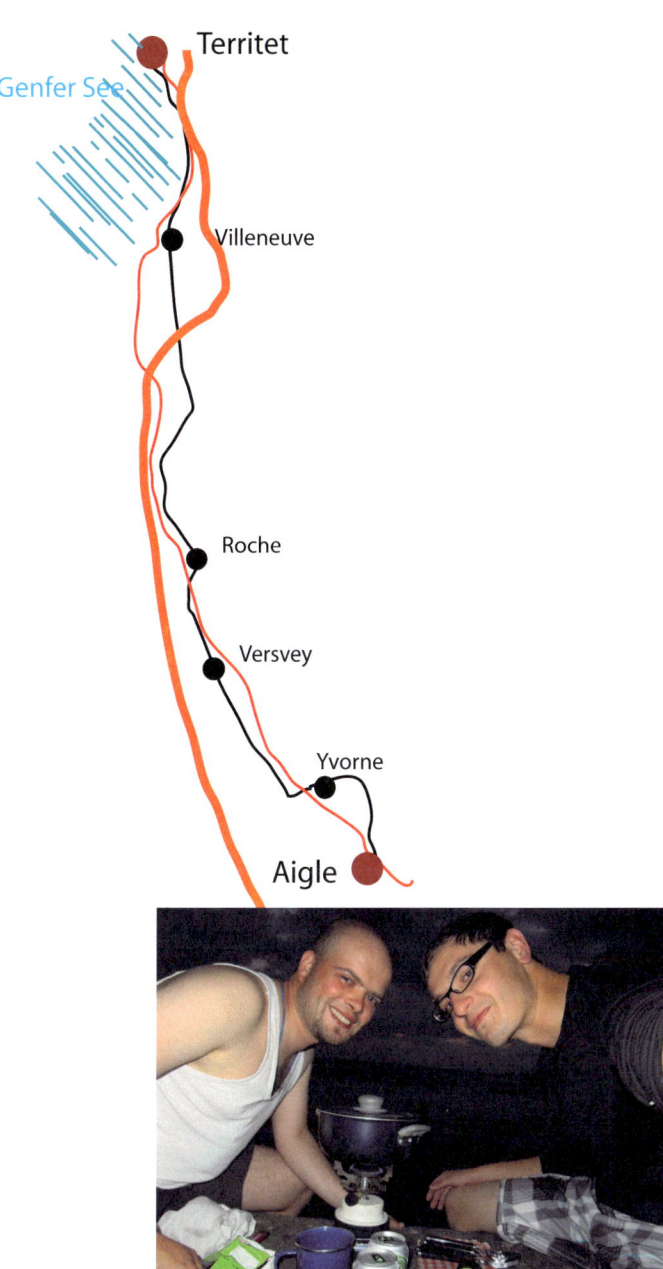

Abendbrot am Genfer See (Territet)

4.Etappe:
Aigle – St. Maurice (17 km)

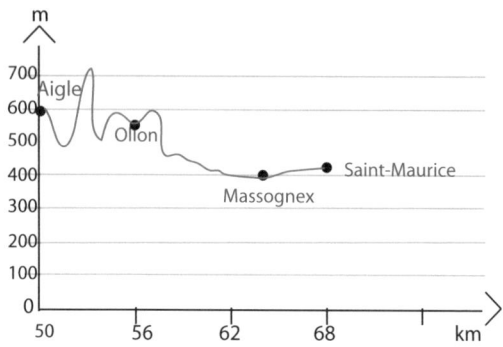

Nun verlassen wir die erste „Großstadt" neben Lausanne und weiter geht es wieder in die Weinberge.
Heute erwartet uns eine anspruchsvolle Tour. Den Wechsel der Bodenbeschaffenheiten, Waldboden aber meist Geröll und Beton, merkt man an den Füßen.
Die Wegmarkierungen sind hier nicht ganz so dufte.
In Antagnes muss man den Weg durch die Weinberge abwärts gehen.

Infrastruktur

Ollon

Bex

St. Maurice

Unterkunft in St. Maurice

Foyer Franciscain,
Rue A. de Quartery 1,(Tel: 024/4860404)
-	100m vom Weg entfernt
-	WC und Dusche Top
-	WLAN
-	Hotelstil (sehr christlich)
-	Aber auch Zeltmöglichkeiten (nach Massongex auf der linken Seite)
-	Frühstück kostet Aufpreis
-	90 CHF (Doppelzimmer)

Gefühlswelt

Schmerzen an den Füßen und Schultern übermannten heute jegliche Gefühle.
Durch die Hitze machte bei mir der Kreislauf schlapp. Danach war ich etwas besorgt, wie es weiter geht.
Aber es ging weiter, indem ich ein T Shirt im Brunnen tränkte und es auf dem Kopf trug und dabei „Walk like an Egyptian" sang.

Erkenntnis des Tages

August ist definitiv zu heiß zum Wandern.

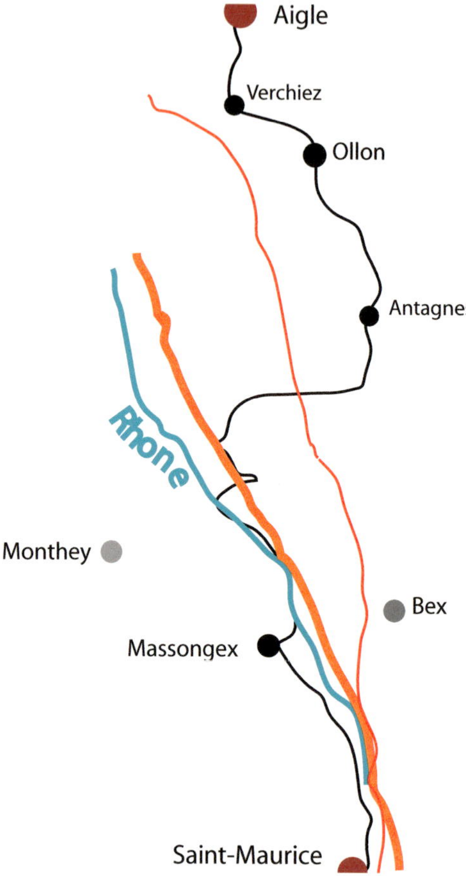

Chateau bei Aigle

Irgendwo im Nirgendwo

5. Etappe:
St. Maurice – Vernayaz (17 km)

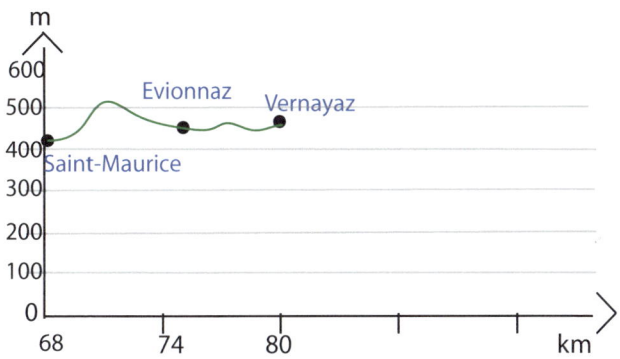

Endlich ist der Weg mal gut beschildert. Nachdem wir Evionnaz passiert haben bestaunen wir Panzersperren aus dem Zweiten Weltkrieg.
Das schönste Naturereignis ist für uns dann der große Wasserfall kurz vor Vernayaz gewesen. Den sollte man sich angucken. Und wer wie wir den Zeltplatz ansteuern will, sollte der Route vor Vernayaz nicht mehr folgen, sondern beim Ortseingang an der Landstraße, links vom Wasserfall direkt zum Zeltplatz gehen. Deine Füße werden es dir danken.

Infrastruktur

Evionnaz

Vernayaz

Unterkunft in Vernayaz

Campingplatz La Cascade,
Route Cantonale 1904 (Tel: 027/764 14 27)
- Dusche u. Bad spärlich
- WLAN
- 30 CHF für 2 Personen

Gefühlswelt

Eigentlich hatten wir nur Hungergefühle, denn die Supermärkte waren an dem Tag geschlossen und die Restaurants waren für unseren Geldbeutel zu teuer.
Wir ernährten uns von mitgebrachten Maggisuppen und Brotkrümeln.
Als uns dann nachts noch der Regen erwischte, waren wir ohne Zelt aufgeschmissen und schlossen uns im Damenklo ein, um dort ein wenig zu schlafen. Uns war zum Glück mehr zum Lachen als zum Weinen zumute. Zu Zweit steht man so was ganz gut durch.

Erkenntnis des Tages

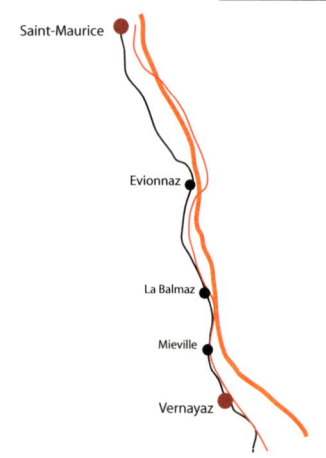

Man sollte sich vorher über die Feiertage in einem Land erkundigen…

6. Etappe:
Vernayaz - Sembrancher (17 km)

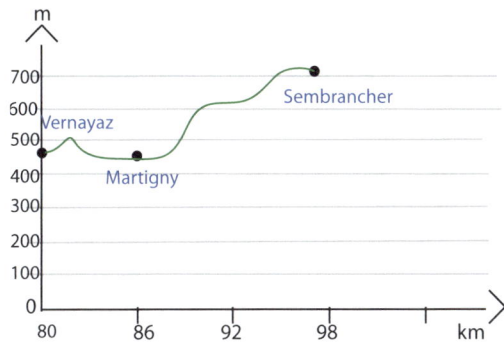

Die erste außerordentlich anspruchsvolle Etappe erwartet dich. Halleluja. Denn langsam aber sicher geht es bergauf. Erst kommt man durch die schöne Stadt Martigny. Dort sollte man sich stärken. In Martigny ist die Beschilderung gelinde gesagt beschissen.
Da hält man sich einfach ostwärts Richtung Berge.
Am St. Bernhard Museum geht man links entlang und kommt dann an einem alten Amphitheater vorbei.
Dann ist man schon in Martigny Bourg und vermisst dort ebenfalls Schilder.
Wir sind auf Nummer sicher gegangen und sind die paar Meter bis zum letzten Kreisverkehr vor dem Ortseingang Martigny Croix gelaufen.
Ab dort ist wieder alles gut ausgeschildert. Dann beginnt der Aufstieg. Man wandert auf schönen Waldwegen vorbei an einem schönen Wasserfall.
Die Wege werden mit dem Aufstieg oft sehr eng, rechts geht es oft steil bergab. Also sollte man besser nüchtern und vor allem trittsicher sein. Und der Verlockung widerstehen, die Bahn nach Orsieres zu nehmen. Denn wenn man die Tour geschafft hat, versprechen wir geile Gefühle.

Infrastruktur

Martigny

Martigny-Croix

Sembrancher

Unterkunft in Sembrancher

La Prairie (Zeltplatz);
Route du Grand-St. Bernard, (Tel: 027/7852206)
- Warmwasser kostet extra
- Dusche/WC Nutzung von Tankstelle
- 6 CHF pro Person

Gefühlswelt

Wir hatten einen echten Hänger bis hin zu Depressionen. Es lief einfach alles schief.
Schon wieder kein Dach auf dem Kopf zu haben, abends wieder zu hungern, weil wir mit unserem Gaskocher das Wasser nicht zum kochen bringen konnten, das zehrt an den Nerven.
Auch das Bier schmeckte nicht, ich bekam noch starke Kopfschmerzen.
Beim Auffüllen der Wasserflaschen laberte die Wirtin

noch wütend in französischer Sprache auf mich ein, ohne dass ich etwas verstand.
Frierend schliefen wir ein, während unsere Sachen am nächsten Morgen alle klamm waren.

Erkenntnis des Tages

Warum haben wir in der Schule bloß Latein statt Französisch gelernt?

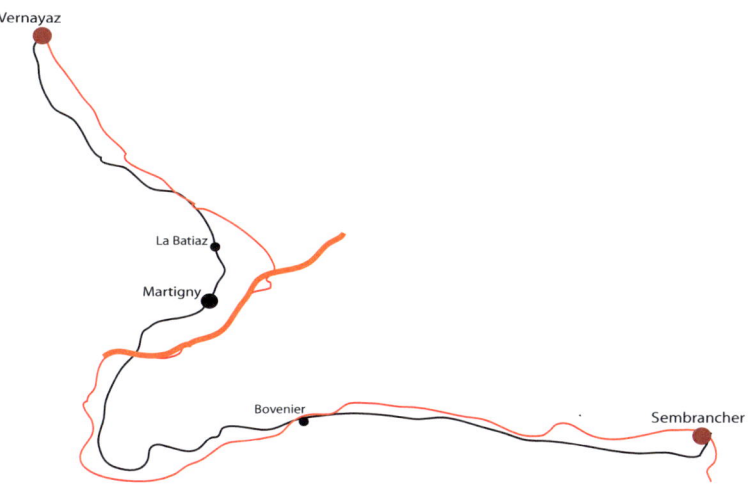

7. Etappe:
Sembrancher - Bourg-Saint- Pierre (22,3 km)

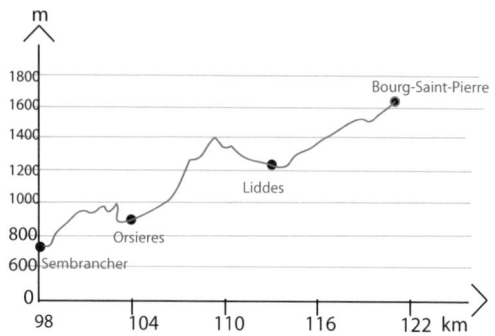

Ganz anders sieht es am nächsten Tag aus.
Die Nacht ohne Zelt war in den Höhenlagen doch sehr kühl. Die Sachen sind noch feucht.
Doch die Hitzewelle ließ nicht lange auf sich warten und wir beschlossen, dass Hannes nach Orsieres geht um dann mit mir gemeinsam den restlichen Weg mit dem Bus zu fahren. Ich hingegen nahm gleich den Bus, und Hannes lief los. Gleich saftiger und durchweg stetiger Aufstieg bis man auf eine Lichtung kommt. Da bloß nicht die verlockenden und leicht verwirrenden Wege zu deiner Rechten und Linken anpeilen. Es geht einfach geradeaus und nach paar Metern erscheint auch schon eine Wegmarkierung. Jetzt geht's auf Kies- und Betonwegen weiter. Man pilgert quasi den ganzen Weg durch die Alm, mit kleinen Anhöhen.
Dir werden zwischendurch auf jeden Fall schöne Aussichten geboten. Der Weg ist eigentlich ganz gut beschildert und kurz vor Orsieres geht's noch durch einen Naturpfad. Kreislaufprobleme machten mir zu schaffen und für 700 Höhenmeter von Orsieres nach Bourg St. Pierre sollte man schon fit sein, denn unterwegs findet

man nur in Liddes Übernachtungsmöglichkeiten, die für uns unbezahlbar waren.

Infrastruktur

Orsieres

Liddes

Bourg-Saint-Pierre

Unterkunft in Bourg-Saint-Pierre

Auberge du petit velan;
Route Principale, (Tel. 027/7871141)
- MBZ: 18 CHF/Person+10 CHF/Person Frühstück (Kaffee u. Aprikosenmarmelade, 1 Croissant)

Gefühlswelt

Am Morgen fluchte ich noch lange, hatte mir die Wirtin in Sembrancher doch zu verstehen gegeben, dass es dort einen Bus geben würde. Am Abend resümierten wir und stellten fest, dass man jetzt erst den Luxus in der Heimat schätzt. Essen, Wohnung, Dusche, all dass was für uns eigentlich immer selbstverständlich war, ist auf unserer Tour eben nicht selbstverständlich und etwas besonderes.

Erkenntnis des Tages

Man sieht alles in dem Licht, wie es einem selber geht.

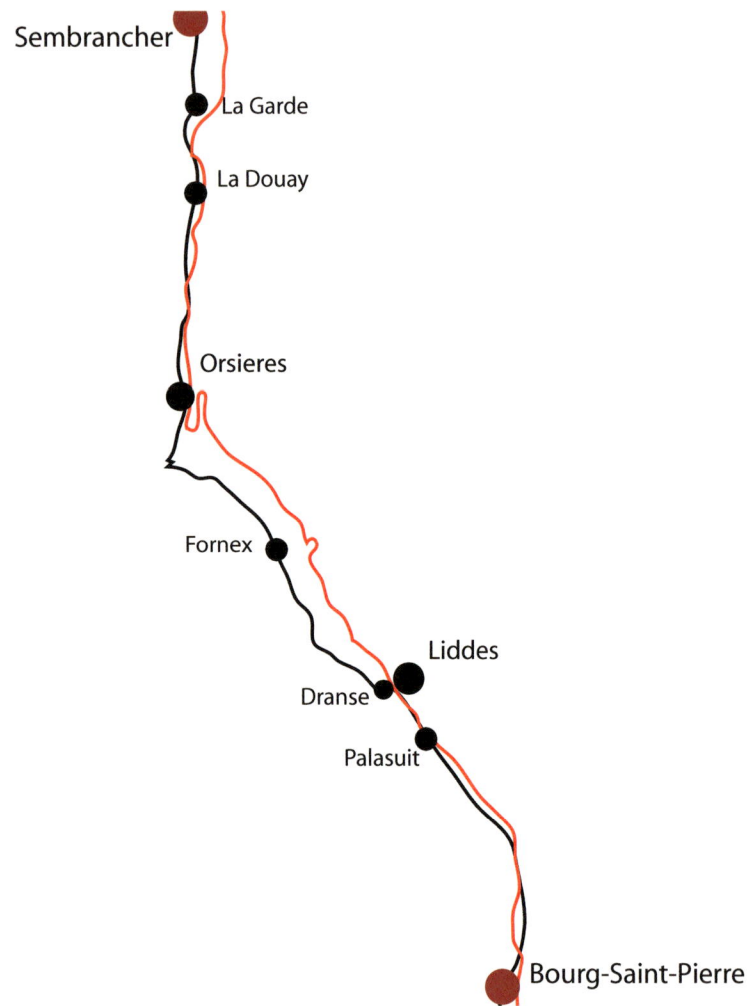

8. Etappe:
Bourg-Saint-Pierre - Großer Sankt Bernhard Pass (15 km)

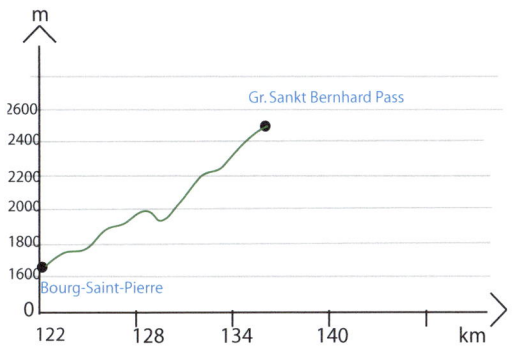

Die gestrige Busfahrt war eine gute Idee, denn der Aufstieg auf den 2473 Meter hohen Großen Sankt Bernhard hat es in sich. Hier treffen wir viele Tagespilger, die von Bourg-Saint-Bernard starten und mit leichtem Gepäck die Bergspitze erobern.
Wir aber haben zu Kämpfen. Denn neben dem Gepäck waren vor allem die Sonne und die nicht vorhandenen Schattenplätze die Herausforderung, der wir uns stellten.

Man geht aus Bourg-Saint-Pierre raus und von der Straße geht rechts ein Weg leicht runter. Gut markiert. Nach paar Metern geht man über ein Flussbett und dann heißt es hoch hoch hoch.
Der Boden besteht aus Sand, Kiesel und Erde, angenehm zu gehen. Wenn da dieses Gewicht nicht auf dem Rücken wäre. Weiter gehts an einem Stausee vorbei, wo anschließend zwei Wegmöglichkeiten für dich offen stehen. Einmal die schlichte Kieselstraße rechts entlang, oder den interessanten Naturpfad geradeaus. Der

Pfad ist steil, aber dafür sehr schön. Linkerhand liegt der Stausee. Anschließend hört die Baumgrenze auf und es beginnt ein Aufstieg zum Pass, parallel läuft ab sofort die Straße.

Auf diesem Weg gibt es keine Trinkstellen, deswegen kann ich nur den Gebirgsbach empfehlen und hoffen dass die Autotouristen dort keinen Müll entsorgt haben. Kurz vor dem Ziel sieht man schon von weitem das erste Haus. Hier sind noch paar Schneefelder vorhanden. Oben angekommen wird man erst mal von einer Masse von Touristen überrannt, gleichzeitig hat man aber eine wunderschöne Kulisse zum Gebirgssee und den umliegenden Gebirge.

Infrastruktur

Gr. Sankt Bernhard Pass

Unterkunft Gr. Sankt Bernhard

Hospice Grand- Saint- Bernard
(Tel: 027/7871236)
- Abendessen u. Frühstück mit allen Pilgern zu festen Uhrzeiten
- UniSex Duschraum für alle Pilger
- Massenschlafsaal
- erstmals auch deutschsprachiges Personal
- Sehr christlich
- 30 Fr. /Person

Gefühlswelt

Bei uns beiden sehr unterschiedlich.
Das Erklimmen des Gr. Sankt Bernhards hatten wir uns etwas anders vorgestellt. Massen von Menschen fuhren in ihren Autos und Motorrädern hoch und aßen dann dort ihre Fritten. Idylle und Freiheit sieht für uns etwas anders aus.
Aber endlich konnten wir uns auch mit anderen Wanderern etwas unterhalten. Und die Landschaft ist trotzdem toll, der große Bergsee, die Alpen.
Und den höchsten Punkt zu erreichen und gleichzeitig ein neues Land zu betreten ist auch etwas, was einen etwas stolz macht.

Erkenntnis des Tages

Der Weg ist das Ziel.

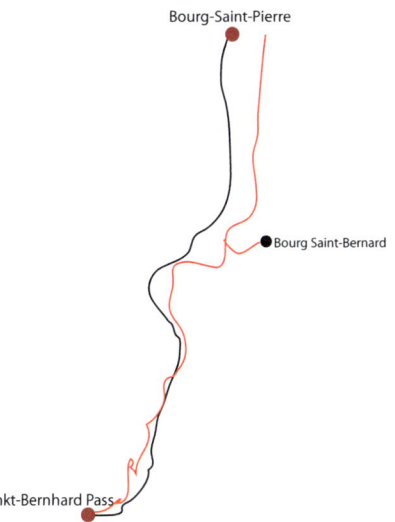

Abstieg vom St. Bernhard

9.Etappe:
Gr. Sankt Bernhard Pass - Echevennoz (14 km)

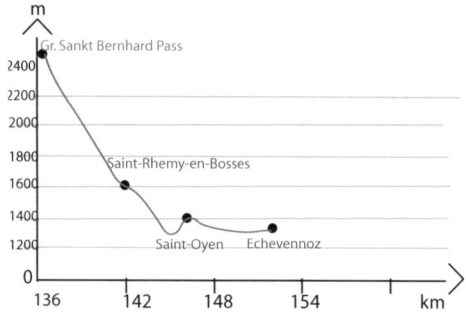

Nun verlassen wir die Schweiz und überqueren die Grenze zu Italien. Deine Geldbörse wird's dir danken. Nun gibt's auch keine Wegmarkierungen mit der Nummer 70 mehr, die schwarze Nummero 103 auf einem gelben Schild, ein aufgemalter Pilger oder die rot-weißrote Flagge dienen nun zur Orientierung. Ab jetzt geht es abwärts, aber nur wegtechnisch. Denn die Landschaft ist weiterhin wunderschön. Man hört und sieht Murmeltiere und Wiesel und hat eine schöne Pflanzenvegetation um sich. Alleine die typischen italienischen Städtchen, die man durchquert, sind eines Blickes würdig. Ein Käffchen ist empfehlenswert. Wenn man einfach einen Kaffee bestellt bekommt man nur einen Espresso. Filterkaffee ist hier ein Unwort und deshalb haben wir uns einfach auf Latte Macchiato festgelegt, den man hier durchschnittlich für 1,30-1,50€ bekommt. Die Beschilderung ist ordentlich. Am Ortsausgang von Saint-Rhémy-en-Bosses
ist das Schild missverständlich. Wenn man den Weg nach unten geht, kommt man am Ziel an, läuft jedoch an einer befahrenden Landstraße entlang. Den Weg nach oben zu nehmen ist deutlich empfehlenswerter…

Infrastruktur

Saint-Rhémy-en-Bosses

Saint-Oyen

Echevennoz

Unterkunft in Echevennoz

Ostello Dortoir Echevennoz
an der Trattoria Marietty (Tel: 0165/78225)
-	2 Bettzimmer
-	Dusche +WC okay
-	Wäscheständer +Waschbecken
-	sehr gutes Essen in der Trattoria
	Preise beachten! (haben 100€ bezahlt, auch wenn Übernachtung 15 € pro Person kostet, da die Rechnung in Übernachtung sowie Essen und Trinken zusammengefasst wurde)

Gefühlswelt

Richtig gut. Und wir ließen es uns das erste Mal richtig gut gehen, aßen uns satt und tranken uns sitt. Nach den Preisen fragten wir nicht, denn wir waren ja in Italien und heute war es uns scheißegal. Wir genossen sehr und spielten lange Skat.

Erkenntnis des Tages

Man sollte vorher besser nach den Preisen fragen.

Abstieg vom St. Bernhard

10. Etappe:
Echevennoz- Aosta (17 km)

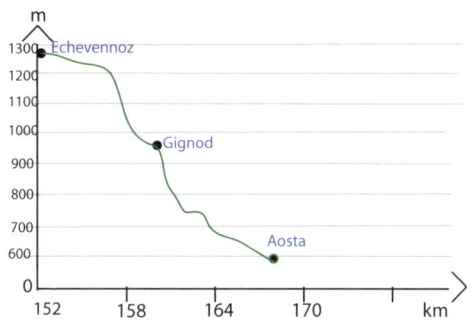

Wir steuern nun das landschaftlich wirklich schöne Aostatal an. Am Fluss entlang hat man auch weiterhin einen super Blick auf die Alpen. Die Wegbeschreibung ist gut, deshalb verrate ich nicht mehr.

Infrastruktur

Gignod

Aosta

Unterkunft in Aosta

Parrochia Sant'Anselmo;
Nähe des McDonalds am Ortsausgang/Corso Ivrea
(Tel: 0165/40627)
- Mo-Do 16-18:00, sonst 9- 11:00
- WC, keine Dusche
- Isomatte und Schlafsack erforderlich
- kostenlos

Gefühlswelt

Hitze, Hunger und Durst bestimmten heute unsere Gefühle. Das vierstündige Warten vor der Unterkunft zehrte noch zusätzlich an unseren Nerven. Fragen kommen in einem auf, wie es weiter geht und ob es weiter geht. Man verflucht sich und die Welt und wäre gerne in der Heimat. Warmes Bier am Abend und erste Regentropfen beendeten dann diesen Tag.

Erkenntnis des Tages

Geduld ist der Schlüssel zum Erfolg

11. Etappe:
Aosta - Nus (16 km)

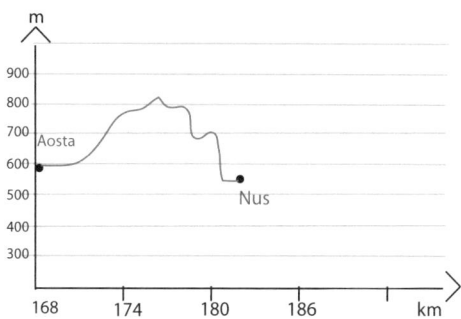

Weiter geht es durch das Aostatal. Wenn die Sonne nicht so extrem scheint ist es hier sehr angenehm. Am Ortsausgang Aosta ist mal wieder keine Beschilderung vorhanden. Deshalb: Treppe hoch, an Kirche vorbei gehen Richtung Bibliothek und weiter geht es gerade aus an Bänken vorbei.

Eine Picknickpause lohnt sich in jedem Fall an der fast 1000 Jahre alten Burg Castello di Quart.

Weiter geht es an Weinbergen, Feigen- und Mandelbäumen. Am Ortsschild Nus hört plötzlich die Ausschilderung auf. Deshalb gingen wir auf der Straße an Weinbergen vorbei nach Nus, ohne auf dem ausgeschrieben Weg zu sein.

Infrastruktur

Nus

Unterkunft in Nus

Herberge(Kirche) Parrocchia Sant´llario,
Tel: 767901 nimmt keine Pilger auf (bei uns nicht)!
- Hotel Florian; Via Risorgimento 3
  (Tel: 0165/767968)
- Dusche+ WC top
- WLAN
- Doppelzimmer insgesamt 45€ (Pilgerrabatt)

Gefühlswelt

Marx hatte wohl Recht. Das Sein bestimmt das Bewusstsein. Denn uns ging es verdammt gut, als wir vor unseren großen Pizzen saßen und bei Wein und Bier noch Offiziersskat spielten.
Aber vielleicht irrte Marx auch. Die Landschaft war toll und wir trafen ein Rentnerpaar aus Aschersleben, mit dem wir uns lange unterhielten und die dieses Buch als erstes Bekommen wollten.

Erkenntnis des Tages

Man kann auch nach ein paar Kilometern erst frühstücken, um dafür in der Natur zu sein.

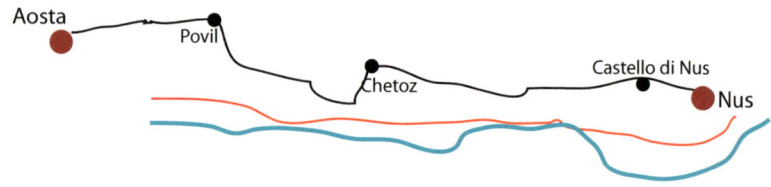

12. Etappe:
Nus - Chatillon (17 km)

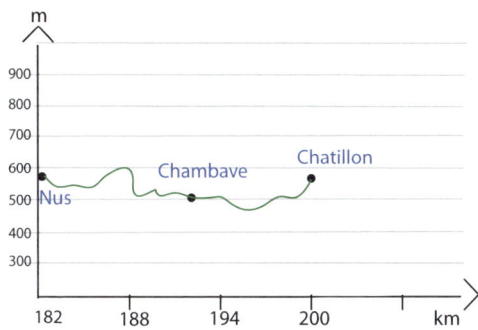

Gegen die heutige Etappe kann man nichts sagen. Man geht an Feigen- und Apfelbäumen vorbei. Auch Thymian und Rucola haben wir heute gesichtet.

Nur die Wegbeschreibung ist etwas bescheiden. Nachdem man durch Chambave gegangen ist, geht der Weg steil bergauf. Dort ist eine gelbe vier. Dort muss man den Weg nach oben gehen und nicht in den Ort Clapey. Des Weiteren musst du bei der Weggabelung, an der 45 Minuten nach Chattillon angegeben sind, nach oben gehen. Der Wegweiser führt nämlich in die Mitte. Wenn man nach unten geht muss man auf der großen Landstraße laufen und die italienischen Autofahrer sind nicht umsonst für ihre Fahrweise berüchtigt.

Infrastruktur

Chambave

Chatillon

Unterkunft in Chatillon

Monastero Francescani Cappuccini;
Via Chanoux (Tel: 0166/61471)
- 2 Betten und 1 Couch
- Dusche und WC in einem
- In Chambave unbedenkliche Wasserstelle (Brunnen)
- kostenlos

Gefühlswelt

Gute Pizza, Wein und Bier ließen den Abend ausklingen, der dann noch von einem Gewitter und Regen gekrönt war. Außerdem unterhielten wir uns noch mit einem anderen Pilger, der in unserer Unterkunft übernachtete. Zufrieden schliefen wir ein.

Erkenntnis des Tages

Regen bringt Segen

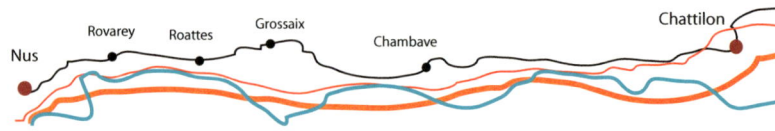

13. Etappe:
Chatillon - Verres (23 km)

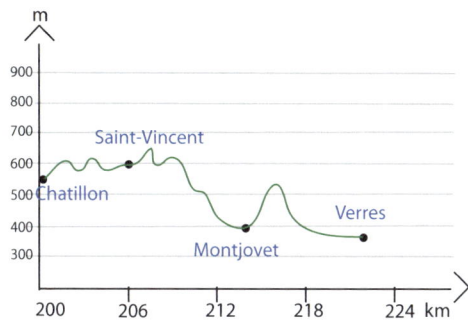

Heute gehts als erstes an einem Wasserfall vorbei. Dort sind auch Bänke vorhanden, für eine Zigarettenlänge oder Frühstück sollte man hier bleiben.

Nachdem man St. Vincent verlassen hat, folgt man dem Kanal. Plötzlich landet man auf Wiesen und großen Grundstücken und fragt sich, ob man noch auf dem Weg ist oder gleich von einem Bauern mit Heugabel weggejagt wird. Wir können es nicht auflösen.
Jedoch kommt man dann sofort auf die Landstraße und findet nach 100 Meter wieder ein gelbes F - Zeichen.
Vor dem Ort Montjovet-Berriaz wird es auch noch mal knifflig. Nachdem man eine Kirche mit einem schiefen Kreuz passiert hat, ignoriert man das Schild am Zaunpfahl, das nach rechts zeigt. Man geht dort auf einem neugemachten Weg auf das Haus mit einem Kreuz auf dem Boden zu. Dort ist eine Felswand mit einer Via Francigena- Tafel und weiter geht es wieder mit richtigen Markierungen nach links.

Infrastruktur

Saint-Vincent

Montjovet-Berriaz

Verres

Unterkunft in Verres

B&B Il Casello / Ostello della Gioventu;
Via della Stazione 79 (Tel: 0125/921652)
- Mit Frühstück im MBZ, WLAN und Computer,
- Dusche, WC okay,
- Schimmel in Dusche, Frühstück wie immer spärlich (Zwieback)
- 20€ pro Person

Gefühlswelt

Von Hallelujagesängen sanft geweckt, starteten wir in den Tag.
Mittlerweile sind wir ein sehr gut eingespieltes Team.
Man kann sich gar nichts anderes mehr vorstellen als

morgens aufzustehen, Käffchen zu trinken und loszuwandern. Man freut sich immer auf die Erlebnisse, die kleinen Dinge auf die es ankommt. Und auf den Abend, an dem man das Erlebte bei einem kühlen Bier noch mal Revue passiert.

Erkenntnis des Tages

Das Leben ist eigentlich ganz einfach und einfach nur schön.

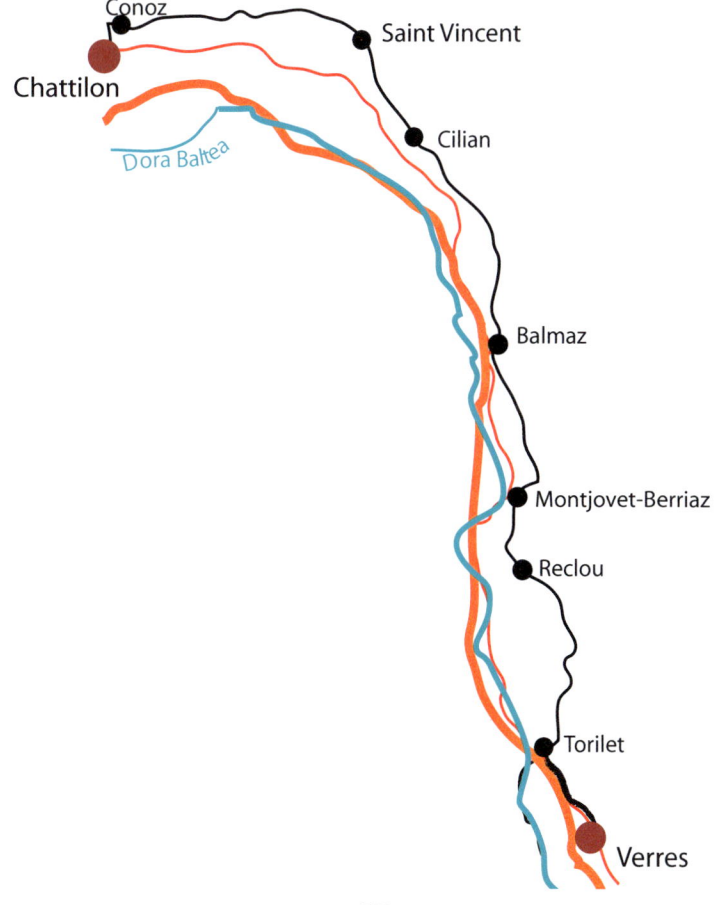

14.Etappe:
Verres - Donnas (15 km)

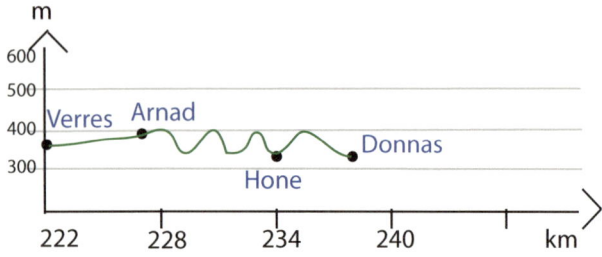

Nachdem wir in der Herberge gut genächtigt haben, geht man geradeaus am Bahnhof vorbei.
Dort ist wieder ein gelbes F zu sehen. Links ist die „wunderschöne" Autobahn, an der man entlang geht. Aber kein Problem, denn der heutige Weg hat noch einiges an schöner Natur zu bieten.

Irritiert waren wir jedoch in Arnard-Barme. Unmittelbar nach der Osteria (Larcarden) befindet sich linkerhand eine große Kletterwand. Wenn man dort links geht, geht man wieder zurück. Wir hatten erstmal die Schnauze voll, machten Picknick und quarzten ein Kippchen. Und wir fassten den Entschluss, das Stück nach Hone auf der Landstraße zu gehen. So Schlimm war es dann auch nicht und man kommt in Hone dann auch wieder auf den Frankenweg, wenn man Eisenbahn und den Fluss (Dora Baltea) überquert.
In Bard gingen wir auf der alten Römerstraße dann in das wunderschöne Örtchen Donnas, und wir fühlten uns wie ganz große Germanen.

Infrastruktur

Arnad

Hone

Donnas

Unterkunft in Donnas

Parrocchia St. Pietro,
Via Roma 81, (Tel: 0125/807032)
-       7 Betten, 2 Kochplatten, Besteck
-       Waschbecken verstopft, Klo dreckig und stinkend
-       kostenlos

Gefühlswelt

Wir waren beide einfach nur glücklich, so weit von der Heimat und dem ganz normalen Wahnsinn des Alltags entfernt zu sein. Auch wenn Hannes fluchte, weil er vier Kilometer zum nächsten Supermarkt laufen musste, entschädigte die Nudelpfanne für einiges.
Beim Pilgern geht es halt vordergründig um Unterkunft

und Essen.
Und mittlerweile finde ich, dass wir ganz stolz darauf sein können, wie wir diese Touren meistern. Denn das hätte uns in der Heimat keiner zugetraut und ganz ehrlich, wir uns auch nicht.

Erkenntnis des Tages

Wenn man das Klo vermeiden will, sollte man auf Kaffee verzichten

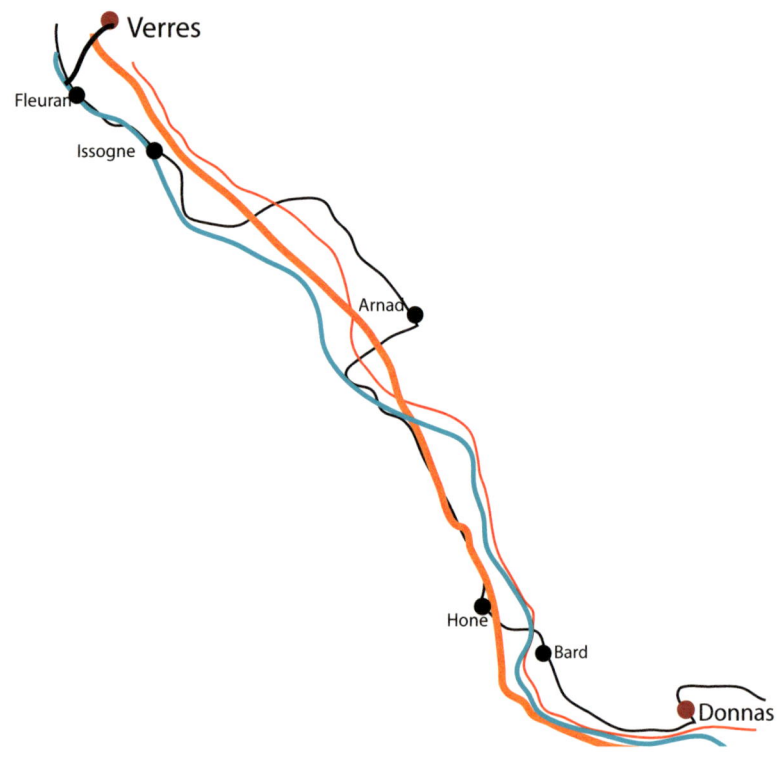

15. Etappe:
Donnas - Ivrea (29,5 km)

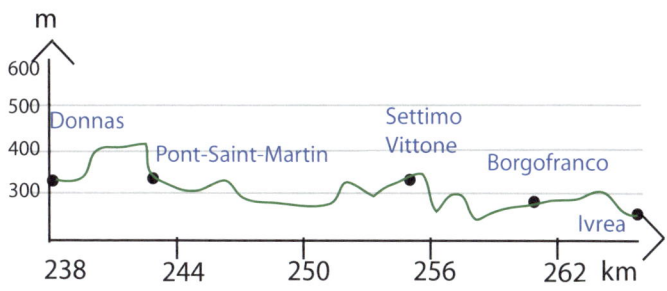

Diese Etappe wird uns in besonderer Erinnerung bleiben. Wegen ihrer Länge, Schönheit und weil wir beide getrennt gelaufen sind.
Nicht dass wir uns auf den Zeiger gegangen sind. Aber diese Erfahrung kann ich jedem nur raten. Man ist auf sich selbst gestellt und das setzt neben Adrenalin noch ganz andere Stoffe aus. Besser als jede Droge.

Nachdem man Donnas verlassen hat, steigt man wieder in die Weinberge. Man kann auch abkürzen und die Landstraße nehmen, aber man verpasst eine herrliche Panoramaaussicht auf Donnas und Pont-Saint-Martin. Unterwegs gibt es viele Beeren zum Verzehr. Und man sieht plötzlich neben Kiwis, die von den Bäumen wachsen, Kakteen aus dem Boden ranken und kommt sich vor wie in einer anderen Welt.
Und das Bierchen wird nach dieser wirklich anstrengenden Etappe richtig gut schmecken.

Infrastruktur

Pont-Saint-Martin

Settimo Vittone

Borgofranco

Ivrea

Unterkunft in Ivrea

Ostello Ivrea Canoa Club;
Via Dora Baltea 1/d (direkt am Fluß) (Tel:0125/9092391)
-       12 Euro/Person, Dusche, Küche, WC okay

Gefühlswelt

Auch wenn uns nach dieser Extremtour alles weh tat was weh tun kann, fühlten wir uns wie junge Götter. Strotzend vor Selbstbewusstsein, ein Gefühl, was wir von uns schon gar nicht mehr kannten. Glücksgefühle sind eine tolle Droge.

Erkenntnis des Tages
Wenn man alleine pilgert, sind die Leute oft freundlicher zu Einem

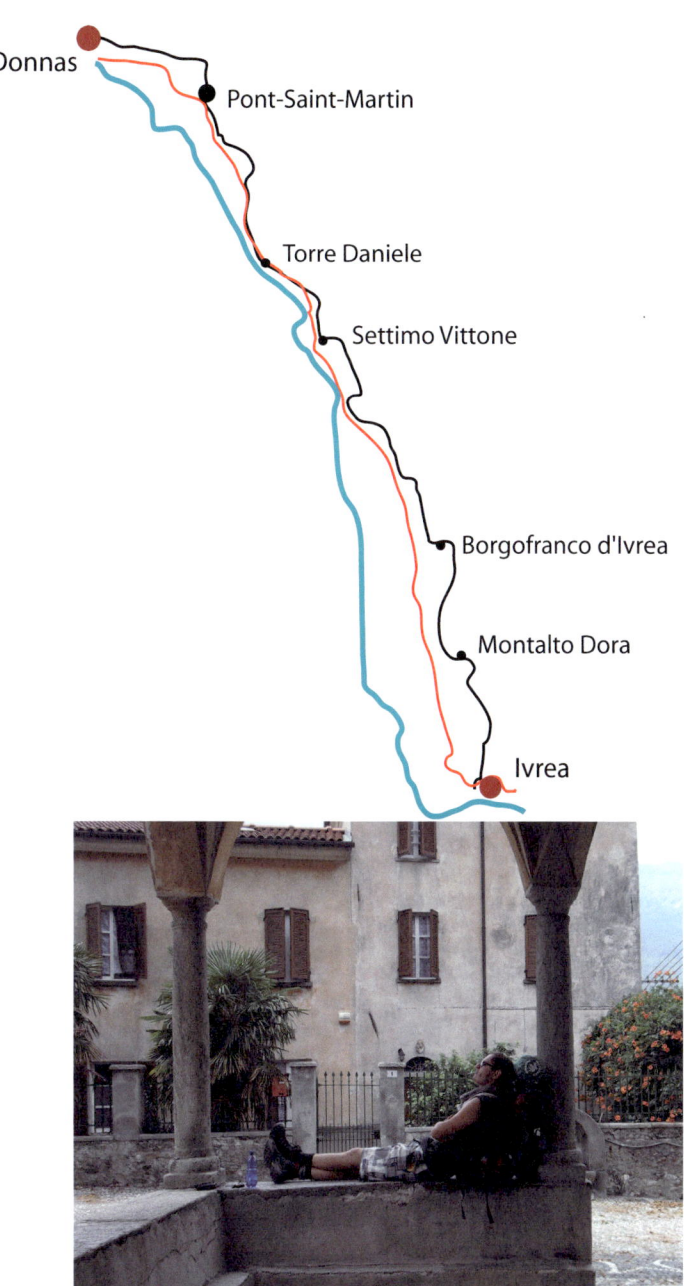

Pilgerpause

16. Etappe:
Ivrea - Piverone (12,4 km)

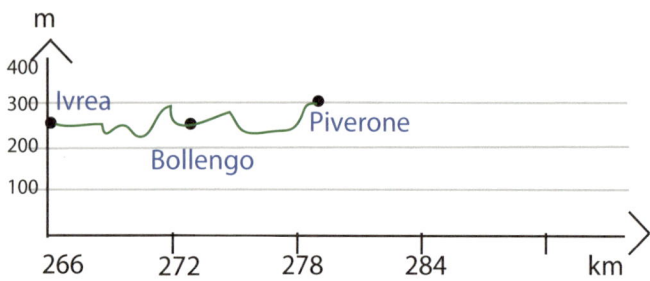

Die gestrige Tour steckte uns noch in den Gliedern. Deshalb machten wir einen Ruhigen.
Wir kamen an einem See vorbei, an den wir uns erstmal hinlegten. Weiter gehts durch Wald und Wiesen bis nach Piverone.

Infrastruktur

Bollengo

Piverone

- 2 Wasserstellen für 5 Cent/liter (Palatium Acqua) (in Palazzo am Turm rechter Hand)
- Am Ende des ersten Sees gibt es eine Campingwiese mit Wasserstelle

Unterkunft in Piverone

Casa per Ferie La Steiva;
Via Fleccia 99 (Tel: 0125/ 72154)
- Keine Küche, kaltes Wasser, Dusche und WC okay
- Unbedingt anrufen, dann kommt der Wirt
- 15 Euro/Person

Gefühlswelt

So schnell kann die Stimmung umschwenken.
Man sollte mit dem Schlimmsten rechnen und das Beste hoffen.
Das Schlimmste hierbei war der Hunger.
Wir saßen verhungert in der Trattoria und warteten, bis es Essen gab. Die Angestellten saßen am Tisch neben uns und aßen genüsslich Lammbraten. In Trattorias gibt es immer Menus, wenige Gerichte und wir entschieden uns, auf Salat und Gemüsebeilagen zu verzichten und uns auf das Hauptgericht zu konzentrieren. Nach verwirrender Bestellung kam dann das Resultat, was wir so nicht erwartet hatten. Jeweils ein großer Teller mit lediglich einem kleinen Stück Fleisch. Wir wussten nicht, ob wir lachen oder weinen sollten.
Völlig hungrig gingen wir ins Bett, ohne ein Auge zudrücken zu können.

Erkenntnis des Tages

Trattorias können sch…. sein!

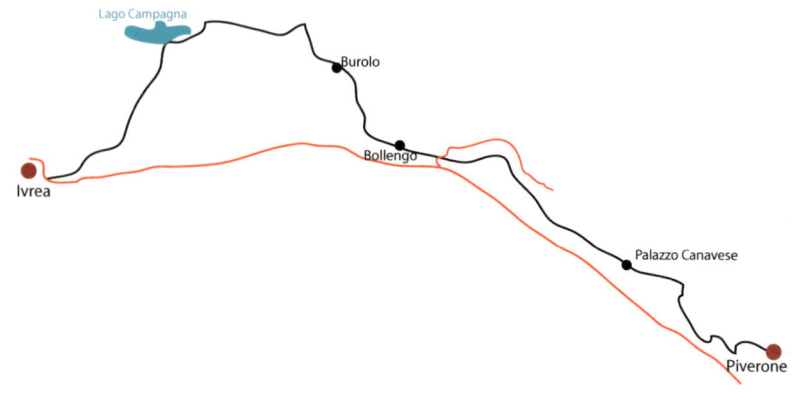

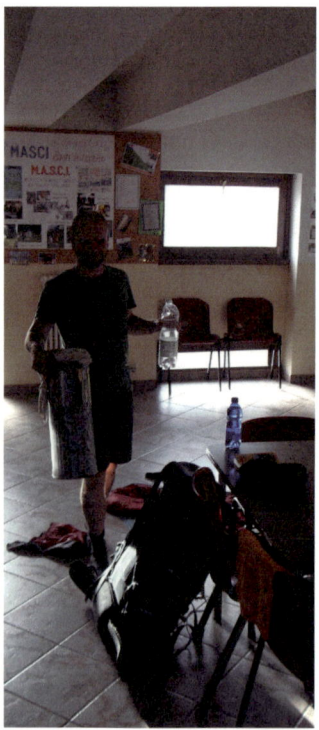

Stillleben am Morgen ohne Sorgen
aber mit Instant Kaffee. (Piverone)

Pfarrhäuser als Unterkunft
Hier: in Aosta

17. Etappe: Piverone - Santhia (20,5 km)

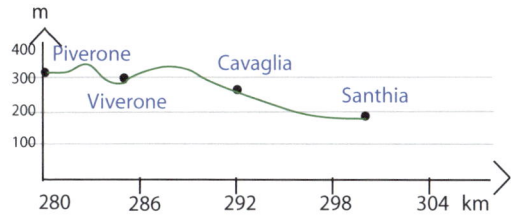

Langsam aber sicher muss man sich von der Vielseitigkeit der Vegetation verabschieden. Man hat zwar noch einen schönen Blick auf die Alpen. Doch plötzlich denkt man, dass man in China ist. Reisfelder über Reisfelder. Nun ist man im Flachland und es geht kaum noch auf und ab. Auch ganz nett.

Infrastruktur

Viverone

Cavaglia

Santhia

Unterkunft in Santhia

Posto Tappa;
Via Madonetta 4 (Schlüssel kann man sich vor Ort holen; Polizei, Cafe della Piazza oder Immobilienbüro) (Tel: 0161/936111)
- 10€ Spende Minimum pro Person, Dusche WC gut gepflegt, 7 Betten

Gefühlswelt

Wenn man ausgehungert aufsteht und dann los läuft, ist das Gewicht auf dem Rücken fast nicht mehr auszuhalten. Und dein Gehirn spielt ein wenig verrückt. Was wir bemerkt hatten war, dass man ausgehungert doch ziemlich aggressiv und ungeduldig wird. Aber das ist wohl normal. Ein Glück gab es in Viverone überraschend einen kleinen Laden, wo man sich eindecken konnte.

Erkenntnis des Tages

Besser zwei Italienisch-Wörterbücher kaufen, wenn man eins davon verliert.

18. Etappe:
Santhia - San Germano Vercellese (9 km)

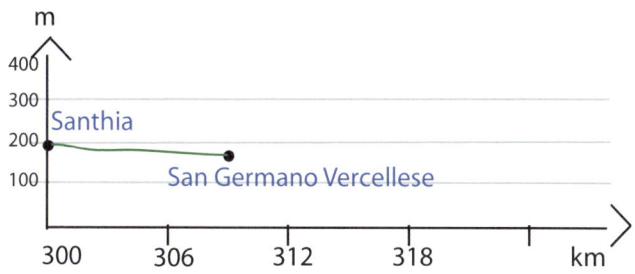

Viel Reis und Mais.
Nach der gestrigen Tour machen wir heute mal wieder eine ruhige. Immerhin. Hier wachsen Granatäpfel, die ich sonst nur aus den Regalen der heimischen Kaufhallen kenne.

Infrastruktur

San Germano Vercellese

Unterkunft in San Germano

Albergo Le Miniere - Bar Ristorante Hong Albero di Xie Xincheng;
Corso Matteotti 89 (Tel: 0161/93866)
- Kein Frühstück
- Kaltes Wasser
- WC und Dusche sonst okay
- 50 Euro für 2 Personen im DZ

Gefühlswelt

Schwankend, wie das Leben eben ist.
Wir führten gute Gespräche über Arbeit, Leben und Zukunft. Da sich die Tour langsam dem Ende neigte, bekamen wir beide schon wieder etwas Nervenflattern. Wie geht es in Berlin und Greifswald weiter? Der Wanderführer, wir haben eine Aufgabe.

Erkenntnis des Tages

Bei zu kurzen Touren hat man viel zu viel Zeit, um über Blödsinn nachzudenken

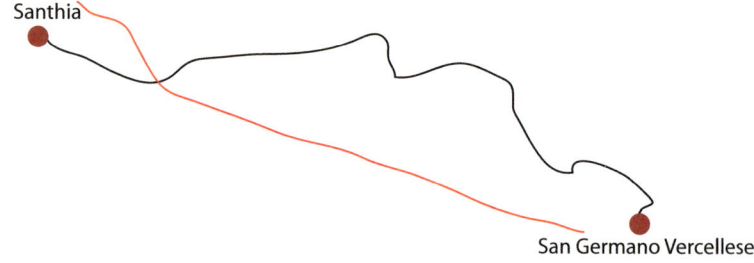

Mittagszeit

19. Etappe:
San Germano Vercellese - Vercelli (16 km)

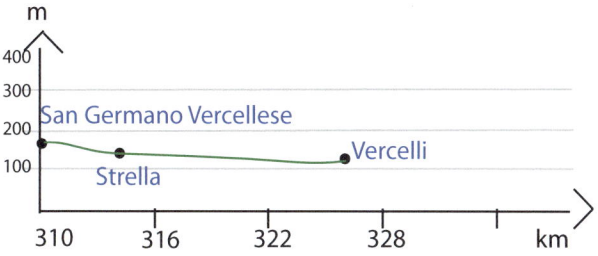

Es geht wieder an Reisfeldern vorbei, die langsam nicht nur vertraut sondern auch hypnotisch wirken.
Aber das ist auch völlig in Ordnung, denn so kann man auch mal in sich gehen und überlegen, wie man in den Alltag in der Heimat zurückkehrt.
Und wenn die Füße schwer werden, können wir nur empfehlen, auch mal den Mp3 Player herauszunehmen. Denn das pusht ungemein.

Infrastruktur

Vercelli

Unterkunft in Vercelli

- Convento di Billiemme,
 Corso Salamano (Tel: 0161/250167)
-       200 Meter vom Weg entfernt
-       WC+ Dusche Okay, Schimmel und Haus schwamm im Zimmer nicht so cool

- Doppelzimmer, Küche mit Kühlschrank an dem man sich bedienen konnte
- 10€ pro Person

Gefühlswelt

Völlig entspannt und erholt. Das Wandern gehört mittlerweile zum Leben wie Essen, Trinken und Schlafen.
Wir lieben die italienische Mentalität.
Nicht dieses panische Gehetze wie in der Heimat. Hier sitzen die Leute, trinken am Straßenrand ihren Kaffee und wirken irgendwie total zufrieden. Und wir auch.

Erkenntnis des Tages

Mit Musik in den Ohren schaffen die Beine noch paar Kilometer mehr.

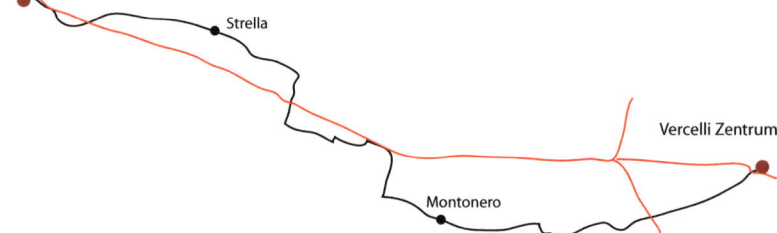

20. Etappe:
Vercelli - Robbio (16 km)

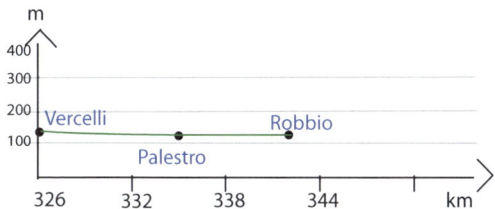

Ich sag nur Reis. Du glaubst gar nicht wie viele Wörter sich auf Reis reimen. Mais, heiß, Sch... .
Am Weg entlang gab es eine Massenplage an den Bäumen (Linden) und Sträuchern. Es ist eine Raupenart die Eichenprozessionsspinner heißt. Nicht ganz ungefährlich, mehrere Stunden durch solche Gebiete zu gehen. Die weißen Haare der Raupe, die in der Luft herumfliegen, sind für den Menschen der Auslöser für allergische Reaktionen und Atemprobleme.
Kleiner Tipp: Mehr durch die Nase atmen!

Infrastruktur

Palestro

Robbio

Unterkunft in Robbio

Herberge Oratorio Parrocchiale (Chiesa di S. Pietro), Piazza Santo Stefano-Pfarrhaus ansteuern, dann geht's zum Rathaus mit Dusche u. Balkon (Tel: 0384/670436)
- Kochplatte, WC, Minibadewanne, Wäscheständer
- 6 Betten
- Kostenlos (bei uns)

Gefühlswelt

Ein netter Pfarrer fuhr mich mit seinem alten Fiat Panda ins Rathaus, wo wir eine echt schöne Herberge mit großem Balkon hatten. Eine Fledermaus verirrte sich zu uns in die Herberge. Aber Hannes schaffte es, sie nach draußen zu lotsen.

Erkenntnis des Tages

Man kann sich auch mal treiben lassen und einfach nur den Schildern folgen, statt dauerhaft in einem Wanderführer nachzuschauen.

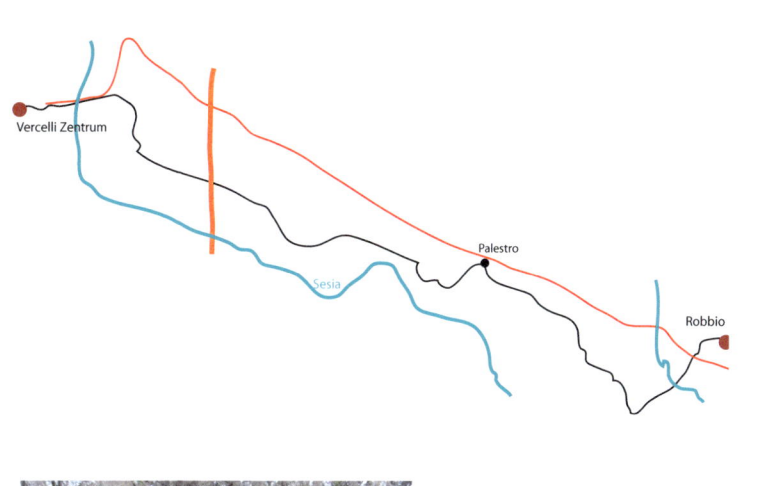

Eichenprozessionsspinner
mit ihrem Werk

Der Pilgertisch (sah immer so aus)

21. Etappe:
Robbio - Mortara (14,8 km)

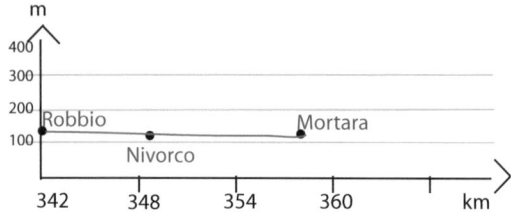

Auf dieser Strecke geht man zur Hälfte Straße und Hälfte Naturweg.
Hier sind wir wieder getrennt gegangen und haben uns später am Kloster getroffen. Dieser Ort ist eine absolute Chill- Lounge- Gegend, mit der Natur und der Ruhe kann man hier den inneren Ausgleich finden.
Mittlerweile geht man die Wege und sieht die Markierungen sofort.
Zu empfehlen ist ein Cafe in Nivorco.

Infrastruktur

Nivorco

Mortara

Unterkunft in Mortara

Abbazia di St. Albino,
Viale Tiziano Vecellio (Tel: 0384/295327)
- Dusche + WC supi, Wasserkocher und 8 Betten
- Halbpension, Idyllischer Garten an Fluss mit Sitzmöglichkeiten
- 3 Gänge Menü abends
- Spende (10 € pro Person sind okay)

Gefühlswelt

Nachdenklich. Pläne für die Heimat schmieden. Als wir dann abends mit zwei Pilgern noch Wein tranken und uns lange austauschten war es ein gelungener Tag.

Erkenntnis des Tages
Andere Pilger treffen und sich austauschen ist wichtig.

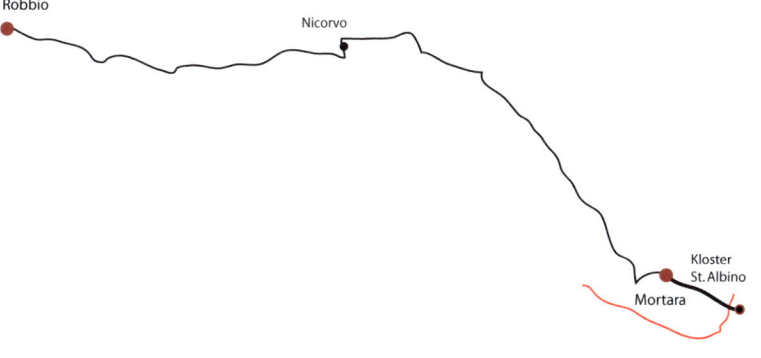

22. Etappe:
Mortara (St. Albino) – Gropello Cairoli (27 km)

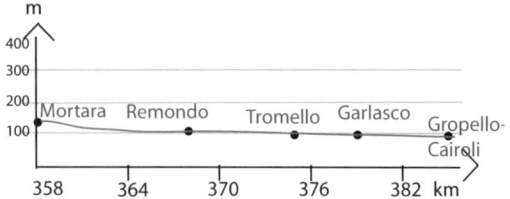

Nachdem man durch Remondo gegangen ist und die Landstraße überquert hat, zeigt die Wegführung geradeaus weiter bis man an einem Baum ein aufgemaltes rotfarbenes Kreuz sieht.

Dort muss man den Weg nach links gehen, wo vier große Sendemasten stehen. An denen geht man vorbei und kann den Rest der Tour ganz gechillt weitergehen.

Infrastruktur

Remondo

Tromello

Gropello Cairoli

Unterkunft in Gropello Cairoli

Albergo Italia,
Via della Liberta 144-160, (Tel: 0382/815082)
- In Santa Bozzola (Herberge) weitergeschickt, im Pfarrhaus in Gropello Cairoli nur 4 Betten und unfreundlich abgewiesen, daher Albergo Italia
- WC und Dusche okay
- Wäscheraum im Keller
- 30 € pro Mann inkl. Halbpension
  gut gepflegt, 7 Betten

Gefühlswelt

Tja, langsam gehen uns auch die Gefühle aus.
Wir durchlebten alles, himmelhochjauchzend und zu tiefst betrübt. Ein großes Unwetter erwischte uns kurz vor unserem Ziel. Wir waren völlig durchnässt, aber es gibt wahrlich schlimmeres.

Erkenntnis des Tages

Es gibt kein schlechtes Wetter, nur schlechte Kleidung
(ich hasse solche Weisheiten, aber irgendwie...)

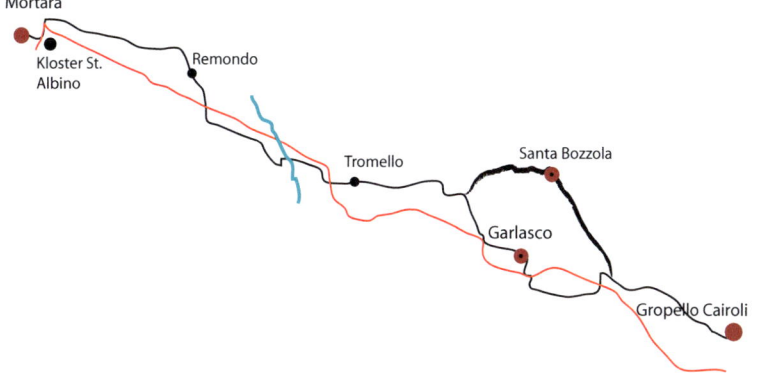

23.Etappe:
Gropello Cairoli – Pavia (13 km)

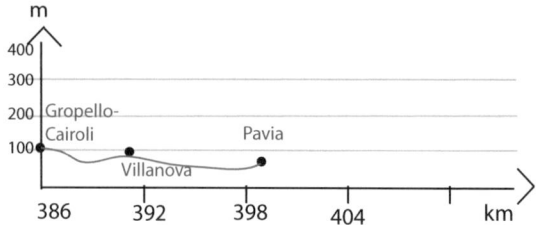

Mit ein wenig Wehmut beginnen wir unsere letzte Etappe. Sie ist interessanter als in den letzten Tagen, weil man am Fluss Ticino entlanggeht, der später in den berühmten Po mündet.

Infrastruktur

Villanova

Pavia

Unterkunft in Pavia

Herberge St. Maria in Betlem,
Via Pasino 7 (Tel: 0382/575381)
- Küche ohne Herd, WC, Dusche, Wäscheständer
- Studentenwohnheim (daher wenig Betten für Pilger (5 Betten vorgesehen)
- 20 €/p.P für Pilger, sonst 22

Gefühlswelt

Ein wenig Wehmut kam in uns auf. Wirklich euphorisch waren wir nicht, als wir unser Ziel erreichten, die schöne alte Stadt Pavia. Wir fühlten uns schlapp.
Das ist aber völlig normal. Man muss jetzt nicht mehr die nächsten Tage planen. Aber das gefühlte Ziel scheint doch Rom zu sein. Zumindest hatten wir nicht das Gefühl am Ziel zu sein.
Wir sagen nur: Der Weg ist das Ziel!!! Von jetzt an heißt es abschalten und inne halten.

Erkenntnis des Tages

Wenn man mehrere Wochen hauptsächlich in der Natur ist, bekommt man in den Städten schnell Reizüberflutung.

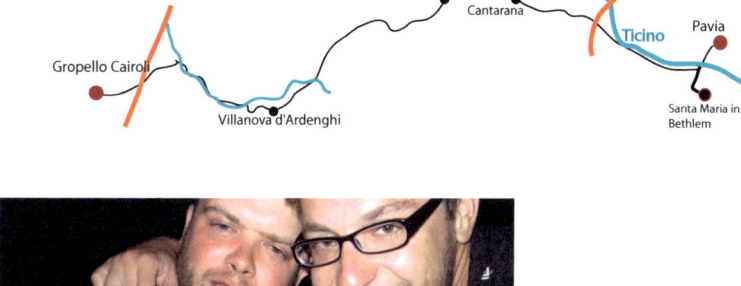

Städtekarten

Aosta:

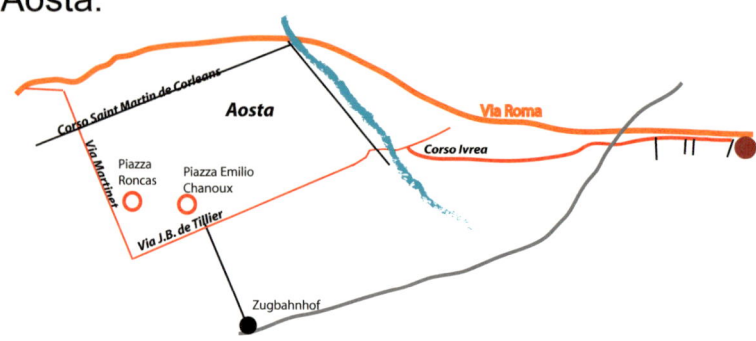

Ivrea:

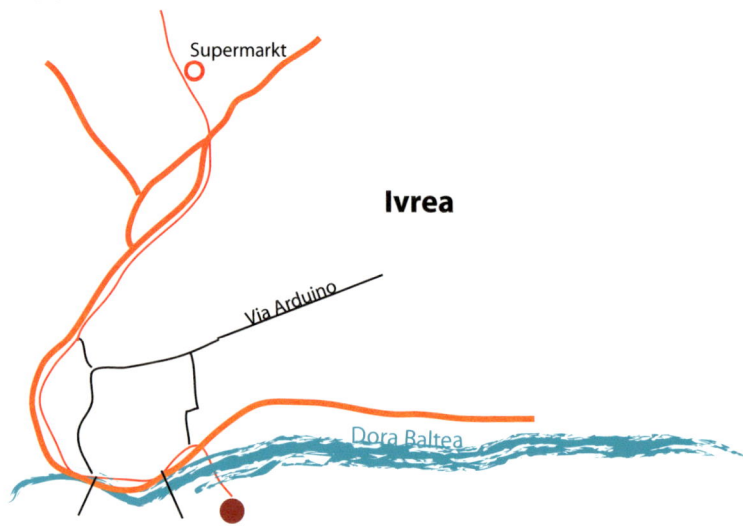

Vercelli:

Pavia:

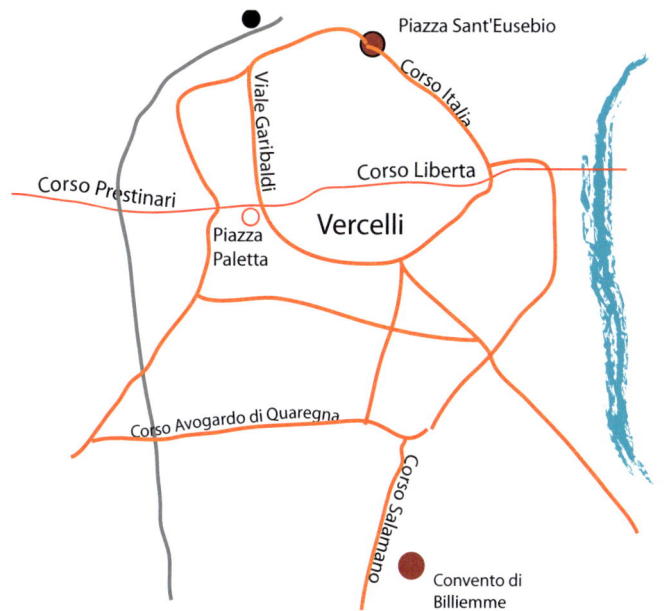

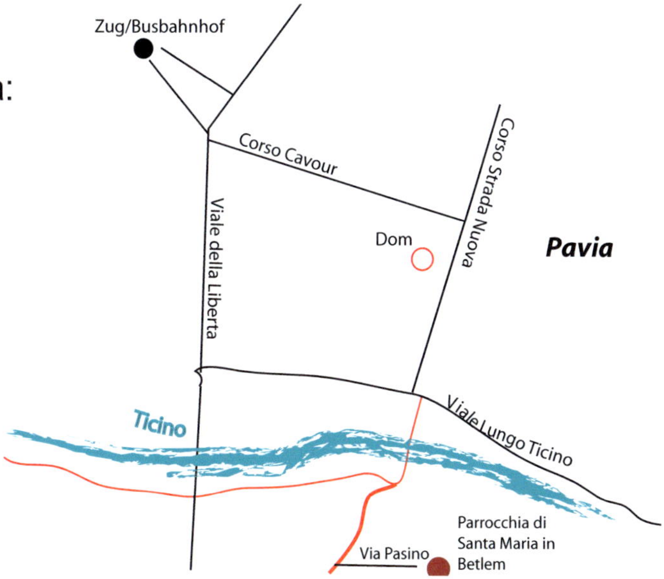

Freiheitssongs

The Mama's and the Papa's – California dreamin

Scott McKenzie – San Francisco

Madsen – Mit dem Moped nach Madrid

30 second to Mars – Kings and Queens

Madsen – Labyrinth

Percy Faith – A Summer Place

Michael Mind feat. Manfred Man – Blinded by the Light

City – Am Fenster

Tiesto – Here on Earth

Tiesto – Kaleidoscope

Thomas D – Rückenwind

Steppenwolf – Born to be wild

B. J. Thomas – Raindrops keep fallin on my head

Ton Steine Scherben – Schritt für Schritt ins Paradies

Pilgerrezepte

All diese Gerichte sind schnell und einfach zu machen. Ob allein, oder mit anderen Pilgerfreunden, diese verschiedenen Varianten kann man jeder Zeit machen. Kochen ist eh eine geile Sache um mit Leuten in Kontakt zu kommen. Probiere es aus, viele Produkte gibt es in der schönen Natur am Wegesrand.

Nummer Uno: „Die Überlebenspfanne"

Die Mahlzeit stärkt dich für den nächsten Tag!

Was brauchst du?

o Nudeln (Tagliatelle passt am Besten)
o italienisches Pesto
o Schlagsahne
o Paprika
o Tomaten
o Schwein - oder Hühnchen (Filets), daraus Geschnetzeltes machen
o frische Kräuter (Rosmarin, Thymian, Oregano)
o Chili
o Salz und Pfeffer
o Zwiebeln
o Öl, Butter oder Butterschmalz

Einfache Schritte!

1. Paprika, das Fleisch (mit Pfeffer und Salz würzen) und die Zwiebeln mit Öl in der Pfanne an schmoren (bissfest)

2. Die Schlagsahne und das Pesto danach dazu geben
3. gleichzeitig (wenn möglich) die Nudeln in das kochende Wasser (anderer Topf) legen
4. Pfanne paar Minuten aufköcheln lassen, dann die Tomaten und das Chili rein
5. Zum Schluss kommen dann noch für 1-2 Minuten die frischen Kräuter rein
6. Gleichzeitig müssten die Nudeln al dente sein
7. Zum Schluss, kannst du noch ein bissl abschmecken und nachwürzen

Kleiner Tipp!

Das gleiche kann man auch perfekt mit Schalen - oder Krustentieren (sprich Meeresfrüchten) machen.
Ein Gedicht sag ich dir! ;-)

Die zweite Nummer: „Der Vitamin-Schock"

Gut geeignet für zwischendurch oder als Dessert. Für diese Obstsorten bezahlt man nix. Nur am Wegesrand die Augen offen halten...;-)

Was brauchst du?

- Rucola
- Feigen
- Kiwis
- Äpfel
- Pfirsiche
- Weintrauben
- Zitrone und Zucker

Einfache Schritte!

1. Rucola (auch vereinzelt auf dem Weg zu finden) abwaschen
2. Äpfel und Co. rein schnippeln, bei der Feige kann man die ganze Frucht essen
3. Zitronensaft mit der Hand auspressen und Zucker dazu geben
4. Fertig ist der schmackhafte und gesunde Obstsalat

Die dritte Nummer: „Der beschwipste Pilger"

Passt super für heiße Tage, oder beim Zusammentreffen mit Pilgerfreunden am Abend.

Was brauchst du?

o   Weintrauben (Staude)
o   Schokolade (Bitter - oder Vollmilchschokolade ist am Besten)
o   Italienischen Grappa

Ganz einfach!

1. Weintraubenstaude bei der Ankunft in der Herberge (Nachmittags) ins Kühlfach legen
2. nach ca. 2h sind die Trauben fruchtige Eiskugeln
3. dazu isst man die Schokolade und trinkt genüsslich den Grappa
4. Hört sich simple an, ist es aber auch – Prost!

Danksagung

Unser größter Dank geht an Thomas Gebauer, Patenonkel und Vater, der uns überhaupt auf die Idee brachte, diesen Wanderführer zu schreiben. Ohne ihn wären wir so weit gar nicht gekommen.
Selbiges gilt auch Günther Gebauer, unseren Großvater, dem wir unsere Wanderleidenschaft verdanken. Mit ihm machten wir unsere ersten großen Touren durch die Alpen und die Hohe Tatra.
Zu erwähnen sind auch alle, die immer an uns glaubten und uns auf unserem Wege Mut machten.
Großer Dank geht auch an Cousin und Freund Bernhard Zarneckow, der uns beim Layouten mit Rat und Tat zur Seite stand.

In Gedenken an unseren Onkel
Robert Münn,

* 19.01.1963

+ 27.02.2011

Herstellung und Verlag:
BoD – Books on Demand, Norderstedt
ISBN 978-3-7322-5728-7